本著作得到：

国家社科基金项目"三区三州深度贫困地区贫困再生产及治理研究"（18BMZ122）

湖南省自科基金项目"科技扶贫政策作用机制与绩效评价研究：基于精准扶贫视角"（2018JJ3374）

湖南省社科基金基地项目"洞庭湖区农业产业链融资模式选择及其福利效果研究"（17JD64）

湖南省社科基金项目"连片特困地区精准扶贫碎片化及治理研究"（18YBX011）

湖南省社科评审委项目"湖南金融扶贫政策绩效评价与机制优化"（XSP18YBZ091）

湖南省情与决策咨询课题"湖南省农村金融多维减贫的绩效评价与模式创新研究"（2015BZZ184）

湖南文理学院博士科研启动项目（15BSQD20、17BSQD01）

洞庭湖生态经济区建设与发展湖南省"2011 协同创新中心"

湖南省应用特色学科"应用经济学"

资助

农村金融、社会资本

社会资本与多维贫困

NONGCUN JINRONG
SHEHUI ZIBEN
YU DUOWEI PINKUN

苏静 肖攀 ◎ 著

中国财经出版传媒集团

经济科学出版社
Economic Science Press

图书在版编目（CIP）数据

农村金融、社会资本与多维贫困/苏静，肖攀著．
—北京：经济科学出版社，2019.9
ISBN 978 - 7 - 5218 - 1018 - 9

Ⅰ.①农…　Ⅱ.①苏…②肖…　Ⅲ.①农村金融 -
扶贫 - 研究 - 中国②社会资本 - 扶贫 - 研究 - 中国
Ⅳ.①F323.8②F832.35

中国版本图书馆 CIP 数据核字（2019）第 221439 号

责任编辑：周国强
责任校对：王肖楠
责任印制：邱　天

农村金融、社会资本与多维贫困

苏　静　肖攀　著

经济科学出版社出版、发行　新华书店经销
社址：北京市海淀区阜成路甲 28 号　邮编：100142
总编部电话：010 - 88191217　发行部电话：010 - 88191522
网址：www. esp. com. cn
电子邮箱：esp@ esp. com. cn
天猫网店：经济科学出版社旗舰店
网址：http://jjkxcbs. tmall. com
固安华明印业有限公司印装
710 × 1000　16 开　12.25 印张　200000 字
2019 年 9 月第 1 版　2019 年 9 月第 1 次印刷
ISBN 978 - 7 - 5218 - 1018 - 9　定价：58.00 元
（图书出现印装问题，本社负责调换。电话：010 - 88191510）
（版权所有　侵权必究　打击盗版　举报热线：010 - 88191661
QQ：2242791300　营销中心电话：010 - 88191537
电子邮箱：dbts@ esp. com. cn）

前　　言

中共十九大报告明确提出了"确保到 2020 年我国现行标准下农村贫困人口全部脱贫，贫困县全部摘帽，有效解决区域性整体贫困，让贫困人口和贫困地区同全国一道进入全面小康社会"的战略目标。2020 年以后，我国农村贫困的特征一方面将由绝对贫困转变为相对贫困和社会排斥，另一方面农村贫困治理的关注点将由单一收入维度的贫困转变为收入、健康、教育、机会等多个维度的贫困。当前，随着扶贫攻坚战略进入深水区和攻坚期，农村贫困的多维性、动态性特征已趋明显。特别是在深度贫困地区，脱离贫困与陷入贫困两种反向过程同时并存，并且持续贫困现象也一直存在。国务院总理李克强前不久强调，"扶贫要坚持现行的'两不愁三保障'标准，即不愁吃、不愁穿，义务教育、基本医疗、住房安全有保障。在此基础上，要切实在脱贫质量和巩固率上下功夫。"在此背景下，从多维度研究农村贫困的动态转化特征及其影响因素，对于制定出台具有动态瞄准功能的扶贫政策，加强动态贫困预防与应对，切实促进精准扶贫、精准脱贫和稳定脱贫具有重要的现实意义。

农村金融作为我国农村资源配置的核心，其反贫困成效一直是决策层和学术界关注的焦点。我国农村正规金融体系不健全，正规金融抑制现象普遍，建立在借贷双方血缘、地缘、业缘等关系之上的非正规金融作为正规金融的补充而广泛存在。同时，已有研究认为，社会资本是农村金融市场运行中不可忽视的重要影响因素。在我国农村传统的人情关系社会里，农村正规金融、非正规金融对农户家庭贫困的影响可能会受到农户特定社会关系、社会网络等非正规机制的干预。那么，现实中社会资本、正规金融、非正规金融如何影响农村动态贫困？社会资本是否对正规金融与非正规金融的减贫效应产生影响？如果是，其影响机制与影响渠道是什么？社会资本作用下正规金融、非正规金融的减贫效应是进一步强化还是弱化？已有相关研究从不同侧面对上述问题给出了一定的解释与回应，但是还存在如下不足：其一，关于社会资本对多维贫困的影响还没有形成共识；关于社会资本、正规金融、非正规金融如何共同影响农村动态贫困的研究还比较薄弱。同时，没有充分考虑到社会资本的异质性及其对农村贫困的不同影响。其二，已有相关研究在识别贫困时主要聚焦于已经发生的静态贫困与单维收入贫困，忽略了不同时期贫困状态的区分以及贫困动态转化的事实。如脱离贫困、陷入贫困、从不贫困、持续贫困等等，都是典型的动态变化过程，而影响农村多维贫困状态转换进入的因素也不尽相同。其三，关于社会资本减贫、农村金融减贫的分散型研究较多，在统一框架下系统探讨农村金融、社会资本与多维贫困的研究还比较少见。对三者之间内在关联机制及其互动关系的研究还比较缺乏。鉴于此，从理论与实证角度深入探讨农村金融、社会资本的多维减贫效应、减贫机制与减贫路径，一方面，能为精准农村金融资源流向，创新农村金融扶贫模式，提升农村金融减贫绩效以及探索社会资本的扶贫路径，挖掘社会资本的扶贫潜力，释放社会资本的扶贫效能提供理论指导和决策参考。另一方面，对于从农村金融与社会资本视角探究农村多维贫困动态转化的原因与规律，形成农村金融与社会资本减贫的"中国经验"，具有重要的理论价值与现实意义。

本书首先从宏观层面研究县域农村金融发展现状与趋势，以连片特困地区为例，探讨政府干预对农村金融发展的影响以及县域农村金融发展的空间溢出效应。然后以收入贫困为例，分析了县域农村金融发展对农民内部收入不平等的影响机制与影响效应。以小额信贷为例，基于理论与实证两个层面分析了小额信贷缓解农户贫困的机理与效应。接下来，从微观层面分析了社会资本的三个主要维度及其对农户信贷影响的机制。着重分析了社会网络资本、社会信任、社会参与影响农户信贷的机制与路径。之后，基于微观和动态视角分析了农户家庭多维贫困的识别与测度，并以农户家庭收入贫困、生活条件贫困、机会贫困为例，就引致农户家庭三类贫困状态发生转变的影响因素进行了探究。在此基础上，充分考虑到农户家庭多维贫困的动态性，在统一框架下分析了农村金融、社会资本对农户家庭多维贫困转化的影响机制与影响效应。进一步，考虑到社会资本具有异质性，且不同社会资本对农户家庭多维贫困的影响可能存在差异，本书从静态视角考察了社会资本异质性、融资约束对农户家庭多维贫困的影响效应与影响机制。最后，结合上述研究和国内外典型国家的实践与经验，就中国农村多维减贫的政策优化策略及其实现路径提出了相关建议。具体表现在如下六个方面：

第一，基于理论层面，对社会资本和多维贫困的定义与内涵进行了界定，对社会资本的三个维度—社会网络、社会信任和社会参与进行了重点释义。在此基础上，构建系列理论分析框架，一方面，从理论上就农村金融抑制对农民内部收入不平等影响的机理进行了系统解析，即金融抑制造成金融市场上穷人和富人生产投资机会选择的不平等，使穷人和富人财富增长出现"两极分化"态势，进而加剧了农民内部收入不平等程度，导致贫困程度加深。另一方面，从微观层面系统解析了社会网络、社会信任、社会参与对农户信贷影响的机制，并对各机制的传导路径进行了探讨。

第二，基于宏观层面，以连片特困地区为例，一方面，借助空间杜宾模型就县域农村金融发展的现状及其特征、政府干预对县域农村金融发展的影响进行了实证分析。另一方面，采用武陵山区66个县域的面板数据和工具变量面板分位数回归模型就县域农村金融抑制对农民内部收入差距的影响效应与影响特征进行实证分析。就"金融抑制导致农户收入分层"的研究假说进行了验证。

第三，以农村金融中最活跃的小额信贷为例，就小额信贷通过改善不同收入层次农户之间的信贷分配进而促进贫困缓解的机理进行了分析。就小额信贷通过扩大农户生产可能性边界以及通过改善参与者福利分配进而促进贫困缓解的渠道进行了解析。在此基础上，基于30个省份的面板数据，就小额信贷缓解农村贫困的上述机理进行了经验验证。考虑到不同时期小额信贷的覆盖广度、覆盖深度以及覆盖强度等方面存在差异，在小额信贷发展的不同水平区间，其对农村贫困缓减的效应很可能存在差异，进一步采用 PSTR 模型研究我国农村小额信贷对经济贫困和社会贫困的影响效应及其门槛特征与地区差异。

第四，基于微观层面和动态视角，在对农户家庭多维贫困及初始、终了福利状态进行界定与区分的基础上，从收入贫困、生活条件贫困、机会贫困三个方面深入分析了不同类型贫困平行转化以及不同程度贫困梯度转化的具体情况。并采用中国家庭追踪调查（CFPS）的微观面板数据和面板 Logit 模型对农户家庭脱离收入贫困、生活条件贫困、机会贫困以及陷入收入贫困、生活条件贫困、机会贫困的决定因素进行了探究。

第五，基于微观层面和动态视角，将社会资本纳入农村金融减贫分析框架，结合 CFPS 微观面板数据和 Logit 模型实证分析了农村正规金融、非正规金融对农户家庭收入贫困转化、健康贫困转化、机会贫困转化以及多维贫困转化的影响效应；家庭总体社会资本对农户家庭收入贫困转化、健康贫困转化、机会贫困转化以及多维贫困转化的影响效应；以及农村金融与社会资本对农户家庭脱离诸类贫困和陷入诸类贫困的影响效应。

第六，基于微观层面和静态视角，充分考虑到社会资本的异质性特征，采用 2014 年 CFPS 微观截面调查数据以及 Logit 模型和 Tobit 模型对社会网络资本、社会信任、社会参与三种不同类型社会资本对融资约束与多维贫困的影响效应进行了实证分析；就三类社会资本与融资约束对农户家庭多维贫困的交互影响效应进行了实证分析，并就社会资本通过缓解融资约束进而促进多维贫困缓解的机制与途径进行了验证。

目 录
CONTENTS

第 1 章

绪　　论

1.1　相关概念界定

1.1.1　社会资本的定义与内涵

社会资本被认为是继物质资本和人力资本之外的第三大资本，具有社会性和资本性二重属性，具有生产性和增值性特点。近年来理论界不少学者就社会资本的定义与内涵、功能与作用等进行了研究，但在社会资本的内涵、功能、测度等方面还未能形成共识。

社会资本作为专属称谓最早由利达·哈尼凡（Lyda Hanifan，1916）提出。他从社会学视角将社会资本定义为"组成社会结构基本单元的个体和家庭中的社会交往过程所产生的善意、同情怜悯、良好愿景、往来互动等社会交往关系"。该定义认为个人和家庭构成的社会关系具有获取资源与利益、满足需求的作用与特征。强调了社会资本的"成员社会交往关系"内涵。其对社会交往纽带重要性的分析和强调，突出了社会资本理论以社会为中心的重要属性。1961年，简·雅各布斯（Jane Jacobs，1961）在《美国大城市的死与生》中将"城市街区邻里网络"作为社会资本的关键要素进行了阐释。认为街区邻里之间形成的社会网络是一个城市不可替代的社会资本，随着这种资本的不断积累，各种益处将随之显现。该定义进一步道出了"邻里网络"这一社会资本的核心要素。1977年洛里（Loury，1961）将社会资本引入经济学分析，将社会资本定义为"促进或帮助获得市场中有价值的技能或特点的人之间自然产生的社会关系"。该定义进一步突出了社会网络关系中的成员是具有某种特定禀赋的。道出了社会资本的资本属性的雏形。自此以后，关于社会资本的定义不断得到拓展。总体而言，主要包括如下几类：

一是社会网络与社会关系。该定义强调社会资本的"社会网络关系"本质，这种网络关系主要存在于对关系网中资源的占有和利用的成员个体之间。典型代表是法国最具国际性影响的思想大师布迪厄（Bourdieu，1997），他认为社会资本就是"社会联系、社会荣誉和社会尊敬的资本"（吴军和夏建中，2012）。1980年他在《社会资本随笔》一文中指出，社会资本是"实际的或潜在的资源集合体，这些资源都不同程度地与集体成员所公认的、制度化的相互熟识与认可的关系网络相关联"。随后，其在《布迪厄访谈录——文化资本与社会炼金术》一书中更为系统地阐述了他的观点：社会资本是制度化与可持续的一种比较稳定的社会关系网络，这种网络可以提供一定的资源。它存在于血缘关系、亲属关系、邻里关系、组织关系、职业关系等之中，并通过固定化的行为和制度化的网络关系得到保障和加强（吴军和夏建中，2012）。揭示了社会资本高度生产性的特点，确立了社会资本概念的现代意义。确立社会资本现代意义的典型代表还有美国社会学家詹弗斯·科尔曼（Jeffers Coleman，1990）。1990年他在《社会理论的基础》一书中概括了社会资本的三大特性，即作为一种社会关系表征出的不可转让性，作为信任、规范、信息网络等表征出的公共物品性质，以及作为与其他形式的资本地位同等重要的资本而表征出的生产性的特性，正是社会资本具备上述三个特性，才使得行动者的目标取得变为可能。科尔曼的研究基于功能视角首次将社会资本从个人为中心的概念定义转向了社会为中心的分析中来，从而为社会资本理论现代意义的扩展奠定了理论基石（吴军和夏建中，2012）。国内学者郭劲光（2006）研究认为，作为一种个体相互联结和嵌入的纽带，关系网络内部以建构、维持和发展网络结构的媒介而存在的结构性规则和社会性规范，使得被嵌入网络关系中的成员之间依据差异化占有和层次性分配所拥有的资源，按照既定原则、标准、要求、规范进行各种决策和活动。由此可见，社会网络与社会关系定义的重点在于拥有特定资源的成员嵌入的链接，这种链接需要一定的资源作为基础（陆迁和王昕，2012），而且依靠结构成员在频繁互动与交流过程中形成的协作关系与内部信任机制，使成员能够从这种相对和谐的稳定的网络关系中实现合作并获得利益。

二是社会信任与社会规范。该定义认为社会资本的关键要素是信任，它根植于成员形成的社会网络并成为网络目标实现的重要纽带（陆迁和王昕，2012）。其典型代表人物之一——罗伯特·普特南（Robert Putnam，2001）将社会资本定义为"一系列的信任、网络和规范"，这种信任、网络和规范有助于加速网络内部信息的流动、降低交易的机会成本，促进集体合作意愿的达成，进而提高个体行动效率。普特南的这一定义使得社会资本概念引起广泛关注。他强调在一个积累了大量社会资本（包括互惠的规范、公民参与的网络、成员之间的信任等）的共同体内，各种合作更容易出现。密集的社会互动网络、自愿性社团的约束性机制，会大大减少网络结构内部投机主义现象和"搭便车"行为，也容易产生公共舆论监督和其他有助于培养声誉的方式，成为建立关系信任和社会信用的必要基础。因而社会资本就成为一种化解"集体行动困境"的有效机制（吴军和夏建中，2012）。此外，普特南提出，社会资本因使用而积累和增加，因不使用而萎缩、减少甚至消失殆尽。另外一个代表性人物美籍日裔学者福朗西斯·福山（Francis Fukuyama，1998），他将社会资本界定为"根据社区的传统建立起来的群体成员之间共享的非正式的具有趋同性的价值观念和规范"，该趋同性观念与规范可以增进成员信任，进而促进合作行为。福山把社会资本的内涵集中于普遍的社会信任即群体价值和社会规范层面。潜在地存在人们社会交往之中的各种互惠性规范仅在两个或多个体之间社会交往时才能够显现。由此可见，社会信任是存在于信任方与被信任方之间"托付—回报"动态反馈形成的"信任链"之中的一种伦理结构关系（周海文和周海川，2019）。

　　三是社会地位与社会声望。该定义从个体为中心出发强调社会关系中个体社会地位与权威关系的重要性。社会地位是反映社会成员在社会系统中所拥有财富、权力、威望的综合衡量指标，也表征社会成员所在家庭的社会威望和所获荣誉的高低（周弘和管世源，2019）。詹姆斯·科尔曼（Jeffers Coleman，1990）基于社会地位与权威视角将社会资本定义为"个人拥有并支配的以社会结构资源为特征的资本财产"，是网络结构成员之间基于长期信任和资源交换而形成的对资源占有与控制的一种权威关系。罗纳德·博特（Ronald Bott）进一步把社会资本定义为网络结构给网络中的行动者提供信息和资源占有与控制的程度，他称之为"结构洞的社会资本"（张文宏，2003）。该类定义强调社会资本是关系网中的成员通过彼此的控制及拥有的资源利用形成的一种社会地位与权威关系（陆迁和王昕，2012），这种地位与权威的具体表现就是对网络结构中各类资源的占有和支配，作用是帮助相关成员获得更多利益。

　　四是社会嵌入与社会参与。该定义认为社会资本的内涵的重点是个体的社会参与性。强调通过社会中不同个体和团体的参与来达成共识，实现行为目标。普林斯顿大学教授亚历山德罗·波茨（Alejandro Portes，1995）是典型代表人物之一。他认为社会资本是一种个体能力，即"具有某些成员资格身份的个体在社会组织结构中获取短缺资源的能力。这种获取社会资本的能力存在于个体之间变动着的关系之中。获取短缺资源能力越强的人拥有更高的社会地位和社会声望，并对其他个体产生可强制推行的信任与约束，因而社会资本是嵌入的结果"。该社会资本定义下，参与成员之间通过"结构的嵌入"抑或"理性的嵌入"而拥有互惠的预期、共享的知识、相互的信任、共同的期望等，进而获取稀缺资源，实现个体目标。该定义与内涵以社会网络成员对自身利益的关心和对社会网络公共利益的自觉认同为基础。

　　基于以上分析可以看出，社会资本是指个体或团体之间的关联——社会网络、互惠性规范和由此产生的信任，是人们在社会网络结构中所处的位置给他们带来的资源。它以社会资源为载体，以社会网络为运作基础，是拥有社会资本关系网络的成员之间彼此相互交流、互动、信任，并产生声望和制约关系，进而实现对网络中的稀缺资源进行良好分配，并实现目标达成。社会资本包含社会网络与社会关系、社会信任与社会规范、社会地位与声望、社会嵌入与社会参与等多维内涵。社会资本的提升意味着网络关系成员资源禀赋的扩大，信息来源的广泛，交易成本的降低，行动效率的提升以及合作利益的实现。

1.1.2　多维贫困的定义与内涵

学者们对贫困的内涵与外延的探讨始终与反贫困实践相伴随。在贫困的内涵上经历了一个从以单一收入维度为主界定贫困，到从经济、社会、权利、健康、教育、福利等多维视角全面认识贫困的过程。

早期的研究主要基于收入维度来定义贫困。即给定贫困线，收入在贫困线之下就界定为贫困，收入在贫困线之上就界定为不贫困。1997 年联合国开发计划署在《1997 年人类发展报告》中基于人的生活质量、基本权利、全面发展等方面对贫困进行了新的阐释，认为"贫困是一种对人类的自由、长寿、知识、尊严、发展权利、体面生活等多方面的剥夺"。1999 年印度经济学家阿马蒂亚·森（Amartya Sen）提出，经济贫困只是社会权利贫困的折射和表现之一，贫困应该表现为人的基本可行能力在多个维度被剥夺，而不仅仅局限于物质的匮乏或收入的低下。这种界定正式阐释了贫困的多维定义与内涵，即：贫困不仅仅指收入的匮乏，也包括教育、健康、文化、医疗、心理等其他客观指标的贫困以及对分配、晋升、服务、发展机会等福利的主观感受的贫困。贫困是一个动态的、相对的多维度的综合性概念。阿马蒂亚·森因此被称为多维贫困理论的创始者（苏静，2017）。

以森的多维贫困理论为基础，2010 年联合国开发计划署首次发布了由健康、教育、生活标准三个维度共 10 个指标构成的发展中国家的多维贫困指数（MPI）。2015 年牛津大学贫困与人类发展中心（OPHI）测算了教育、健康和生活水平三个维度的中国多维贫困指数，并纳入全球多维贫困指数（Global MPI）进行公布。在国内，部分学者基于上述多维贫困理论，并结合中国特定的背景来定义和研究贫困。例如，唐均（2003）针对中国城市贫困现状，指出贫困是指生活状况的"落后"或"困难"且低于普遍公认的"最低"或"最起码"的生活水准，同时也表现为"手段""能力"与"机会"的缺乏；胡鞍钢（2008）指出，贫困的核心概念是能力、权利和福利的被剥夺，根据各自不同的内涵，可以从收入、人类、知识、生态四个维度来定义贫困。随着贫困概念的发展和对贫困认识的深入，基于广义福利剥夺论的现代贫困概念将福利与贫困联系在一起，认为贫困实际上反映的是一种福利被剥夺的状况，既包括物质福利（如收入、消费品、公共物品等）的被剥夺，也包括社会福利（如教育、医疗、生活与工作条件、闲暇等）和政治福利（如组织参与、政治权利等）的被剥夺（苏静，2017）。

近年来，随着多维贫困测度方法的不断改进，学者们将多维贫困研究视角进一步深入到特定群体或者组织的某些方面，将多维贫困研究引向深入。例如，王小林等（2012）研究了城乡老年群体的主观福利贫困问题，研究发现中国农村老年人主观福利贫困发生率要远远高于收入贫困发生率。解垩（2015）从消费、健康、未来信心三个维度研究了老年人的多维贫困。张晓颖等（2016）基于收入、教育、健康、生活水平、社会融入五个维度研究了流动妇女的多维贫困问题。研究结果表明，基于国家农村绝对贫困标准测量的流动妇女收入贫困基本消除；基于客观"贫"和"困"测量的 MPI 指数显示流动妇女生活水平维度贫困最为严重；基于客观"贫"和主客观"困"测量的 MPI 指数则表明流动妇女社会融入维度的贫困最为严重。张赟（2018）从生存、教育、保护、健康、参与五个维度研究了贫困地区儿童以及流动妇女的多维贫困状况及其原因。刘文烈和魏学文（2016）探讨了城市农民工的经济贫困、权利贫困、精神贫困、文化教育贫困、能力贫困、社会资源贫困等多样化贫困特征。何水（2018）构建了涵盖教育、健康、生活标准、收入与资产、公民权利、政治参与、社会关系、排斥积累、身份定位九个维度的农民工城市贫困测量指标体系。何宗樾和宋旭光（2018）探讨了农民工教育、健康、医保、就业和收入等五个维度的多维贫困。冯怡琳（2019）从教育（受教育程度、儿童入学）、健康（生活自理程度、劳动力状况）、生活水平（用电、用水、卫生设施、住宅、炊事燃料、资产）三个维度研究了城镇家庭的多维贫困状态。苏静等（2019）基于收入、生活条件、机会三个维度研究了农户家庭多维贫困状况。

综上可见，多维贫困是一个动态的、相对的综合性概念。横向上，反应个体或家庭某些维度的被剥夺量。不仅表现为个体或家庭维持基本生存需要的收入的缺乏，还表现为包括教育、医疗、健康、生活质量、能力提升机会等基本福利与权利的被剥夺。纵向上，表现为多维贫困发生的强度与深度，反映个人或家庭某些维度的被剥夺程度。

1.2 研究内容

本书共分为十章，各章内容如下：

第1章，绪论。介绍本书的选题背景和意义，界定本书涉及的相关核心概念，并简述本书的研究内容、研究思路、研究方法与创新点。

第2章，县域农村金融发展水平及空间关联特征。本章基于宏观视角，以连片特困地区为例，采用县域农村层面数据和空间杜宾模型就县域农村金融发展水平及其空间关联特征以及政府干预对县域农村金融发展的影响及其空间溢出效应进行实证研究。

第3章，金融抑制对农民内部收入差距的影响。本章首先构建理论分析框架，从理论上阐述了贫困地区金融抑制对农民内部收入分层的影响机理，即金融抑制造成金融市场上穷人和富人生产投资机会选择的不平等，使得穷人和富人财富增长出现"两极分化"态势，进而加剧了农民内部收入不平等程度，导致贫困程度加深。在此基础上，基于宏观视角，采用2000~2014年武陵山区66个县域的面板数据和工具变量面板分位数回归模型就县域农村金融抑制对农民内部收入差距的影响效应与影响特征进行实证分析。

第4章，农村小额信贷的多维减贫效应分析。本章以农村金融中的小额信贷为例，构建理论模型系统解析了农村小额信贷缓解多维贫困的机制。在此基础上，基于30个省份的面板数据，采用面板平滑转换模型就我国农村小额信贷的多维减贫效应及其特征进行实证分析。

第 5 章，社会资本对农户信贷影响的机制分析。本章首先基于微观视角分析社会资本影响贫困农户信贷的三个主要维度及其释义，然后基于多维视角分析社会网络、社会信任与社会参与农户信贷影响的机制与渠道，为后文的实证分析提供理论支撑。

第 6 章，本章基于微观层面，首先对农户家庭多维贫困及其初始、终了福利状态的内涵进行界定与区分，然后从收入贫困、生活条件贫困、能力提升机会贫困三个层面深入分析不同类型贫困平行转化以及不同程度贫困梯度转化的具体情况。在此基础上，进一步采用 2010 年、2012 年和 2014 年中国家庭追踪调查（CFPS）数据和面板 Logit 模型研究家庭因素、户主及个体因素、村庄因素和宏观环境因素对农户家庭多维贫困动态转换的影响及其异质性。

第 7 章，农村金融与社会资本的多维减贫效应分析。本章基于微观、动态视角，结合 CFPS 微观面板数据和 Logit 模型从动态视角实证分析社会资本、正规金融、非正规金融对农户家庭多维贫困转化的影响效应与影响机制。并就社会资本与农村金融对农户家庭多维贫困转化的交互影响效应和途径进行了探讨；就社会资本介入下农村正规金融、非正规金融对农户家庭脱离诸类贫困和陷入诸类贫困的影响效应的变化情况进行了分析。

第 8 章，社会资本异质性、融资约束与农户多维贫困。本章基于微观视角，利用 CFPS 微观截面调查数据，分析了农户家庭融资约束情况和农户家庭社会网络、社会信任和社会参与三类异质性社会资本拥有和分布情况；然后采用 Logit 模型和 Tobit 模型就不同类型社会资本、融资约束对农户家庭多维贫困的影响进行了实证研究。就不同类型社会资本与融资约束对农户家庭不同维度贫困的交互影响进行了分析，就社会资本通过缓解融资约束进而缓解农户多维贫困的渠道进行了解析。

第 9 章，促进农村多维减贫的政策优化研究。本章结合农村金融、社会资本作用于农村贫困缓减的机制以及实证研究结论，借鉴国内外农村金融、社会资本减贫的先进经验，进一步就中国农村多维精准减贫政策优化提出了相关建议。

第 10 章，结论与展望。本章就全书研究结论进行了归纳与总结，就未来相关研究重点与方向进行了展望。

1.3　研究思路与研究方法

1.3.1　研究思路

本书围绕研究主体，首先结合贫困与贫困缓解相关理论、社会资本理论等，就多维贫困、社会资本等相关核心概念及其内涵进行了解析。然后基于宏观→微观的思路就研究主题进行深入系统探讨，最后提出政策建议。

宏观层面：首先深入剖析了县域农村金融发展水平及其空间关联特征，并采用空间杜宾模型实证分析了政府干预对县域农村金融发展的影响及其空间溢出效应。基于宏观层面对县域农村金融发展现状及其特征进行整体把握。然后，构建农村金融抑制对农民内部收入不平等影响的理论分析框架，从理论上阐述了金融抑制造成金融市场上穷人和富人生产投资机会选择的不平等，使得穷人和富人财富增长出现"两极分化"态势，进而加剧了农民内部收入不平等程度，导致贫困程度加深的机理。并采用 66 个县域的数据和面板分位数回归模型就县域农村金融抑制对农户收入不平等的影响进行了实证分析。接下来，就农村小额信贷缓解农村多维贫困的机理进行分析，并借助面板平滑转换模型就农村小额信贷多维减贫的门槛特征与地区差异进行实证分析。

微观层面：首先基于多维视角分析了异质性社会资本包括（社会网络资本、社会信任与社会参与）对农户信贷影响的机制与渠道。从动态视角分析了农户家庭收入贫困、生活条件贫困和机会贫困转换进入的特征及其影响因素。然后，就总体社会资本、正规金融、非正规金融对农户家庭多维贫困转化的影响效应与影响机制进行探讨。就总体社会资本与农村金融对农户家庭多维贫困转化的交互影响效应和途径进行了解析；就社会资本介入下农村正规金融、非正规金融对农户家庭脱离诸类贫困和陷入诸类贫困的影响效应的变化情况进行了分析。接下来，从异质性社会资本视角，就社会网络、社会信任、社会参与等不同类型社会资本和融资约束对农户家庭多维贫困的影响进行实证研究。就不同类型社会资本与融资约束对农户家庭不同维度贫困的交互影响进行了分析，就社会资本通过缓解融资约束进而缓解农户多维贫困的渠道进行了解析。

最后，结合国外典型国家农村金融、社会资本减贫的实践与经验，就中国农村多维减贫的政策优化及其实现路径提出了相关建议。研究的总体技术路线如图1.1所示。

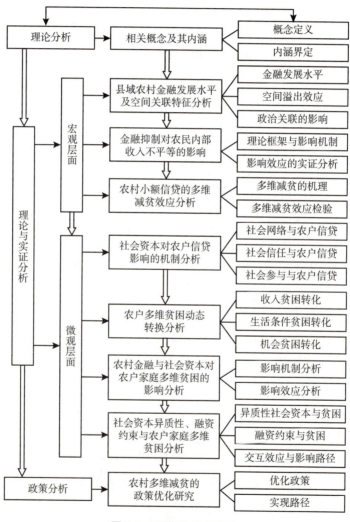

图1.1 研究的技术路线

1.3.2　研究方法

主要研究方法包括理论研究与实践分析、定性分析与定量分析，比较分析与个案研究、规范分析与系统分析、调查研究与建构研究等诸多相互对立又相互互补的方法。具体体现在如下几个方面：

（1）调查研究与定量研究。本书对农村正规金融与非正规金融、社会资本、农户家庭多维贫困典型案例进行实地调查，结合问卷调查、专家访谈、参与式观察、深度访谈等进行。同时，对三者之间的相互关联及其互动关系的研究采用了面板平滑转换模型、空间杜宾模型、面板分位数回归、Logit 模型、Tobit 模型等系列前沿计量模型进行。

（2）比较分析与个案研究。本书将农村正规金融减贫效应与非正规金融减贫效应进行对比；对社会网络、社会信任和社会参与三种不同类型社会资本的减贫效应及其路径进行比较分析。同时，以武陵山连片特困地区为个案，系统研究该地区县域农村金融发展水平、特征及其减贫效应。

（3）规范分析与系统分析。本书对社会资本理论、农村金融发展相关理论、贫困与贫困缓减相关理论进行总结和演绎，对农村金融发展与贫困缓减、社会资本与农户信贷、社会资本与贫困缓解之间的相互关联机制与互动关系进行系统分析；并运用系统分析法对相关结论和国外典型国家农村金融与社会资本减贫的经验进行总结。

1.4　创　新　点

（1）对农村金融发展理论、社会资本理论与贫困理论的改进与拓展。现有相关理论主要探讨的是农村金融发展与单维贫困（及收入贫困）的关系，涉及农村金融发展、社会资本与多维贫困缓减之间关系的系统研究还相当缺乏。本书从金融发展与社会资本双重角度研究农村多维贫困缓减问题，将农村金融发展、社会资本作为农村贫困缓减的影响因素，构建了农村金融、社会资本作用于农村多维贫困缓减的理论分析框架，系统研究了农村金融抑制对农民内部收入分配的影响机制、社会资本对农户信贷的影响机理、农村金融与社会资本作用于农村多维贫困缓减的机制及其传导路径，这是本书对现有金融发展理论、社会资本理论以及贫困理论的一个改进与拓展。

（2）多层次多视角的经验验证。农村金融发展对农村贫困影响的非线性结构特征识别，以及农村金融、社会资本对农村多维贫困影响的非线性效应多视角多层次的经验验证。本书将农村金融发展理论与社会资本理论应用到中国农村减贫研究当中，从宏观与微观、动态与静态、定性与定量等角度对小额信贷多维减贫的门槛特征与地区差异、异质性社会资本的减贫效应、县域农村金融发展的减贫效应以及农村金融与社会资本的交互减贫效应进行了多层级的经验验证，为金融发展减缓贫困、社会资本缓解贫困的理论研究提供了丰富的参考依据。

（3）统一分析框架的建立与动态分析方法的运用。已有研究关于社会资本对多维贫困的影响还没有形成共识，现有关于社会资本、正规与非正规金融如何共同影响农户家庭多维贫困转化的研究还比较薄弱。已有研究在识别贫困时主要聚焦于已经发生的静态贫困与单维收入贫困，忽略了家户不同贫困状态的区分以及动态转化的事实。如脱离贫困、陷入贫困、从不贫困、持续贫困等等，都是典型的动态变化过程，而影响家庭多维贫困状态转换进入的因素也不尽相同。本研究以能力贫困论为基础，在从动态视角识别和测度农户家庭收入、生活条件、能力提升机会等多个维度贫困及其状态转化的基础上，在统一框架下系统研究社会资本与农村金融对农户家庭多维贫困转化的影响效应与影响机制。为相关研究提供了一种新的研究思路与研究方法。

第 2 章

县域农村金融发展水平及空间关联特征*

本章基于宏观视角，以连片特困地区为例，采用县域农村层面数据和空间杜宾模型分析县域农村金融发展水平及其空间溢出效应，同时就政府干预对县域农村金融发展的影响及其特征进行实证研究。研究结果表明：连片特困地区县域金融发展存在显著的空间关联效应。空间邻接或地理距离相近的县域，或行政隶属于相同地市级的县域，其金融发展水平均存在显著的正向空间关联。政府干预对连片特困地区县域内和县域间金融发展均存在正向空间溢出效应。相对于行政隶属相同的县域，空间上邻接或地理距离邻近的县域政府干预对金融发展的正向空间溢出效应更强。

2.1 研究综述与研究假说

2.1.1 问题的提出

2011 年《中国农村扶贫开发纲要（2011－2020 年）》将武陵山区等 14

---

* 本章的主要内容已经发表在：肖攀，苏静，李强谊. 政府干预、空间溢出与连片特困地区金融发展——基于武陵山区 66 个县的经验证据［J］. 郑州大学学报（哲学社会科学版），2018（7）：23－31。

个集中连片特殊困难地区（以下简称"连片特困地区"或"片区"）确定为我国新时期扶贫攻坚的主战场。全国农民人均收入水平综合排名最低的600个县中有521个分布在片区内，占比86.8%。连片特困地区县域层面的扶贫开发与经济社会发展受到前所未有的关注。金融作为流动性最强的生产要素，其对于加快推进片区扶贫攻坚与经济社会发展的重要作用不言而喻。那么县域农村金融发展水平如何，空间上存在怎样的特征？同时，基于财政分权和晋升激励的制度安排以及片区内县域财政能力与要素资源双重约束的客观现实，县域地方政府具有直接或间接干预辖区内金融机构和金融资金运用的动机，并付出了积极的行动。如发展地方金融机构和小额信贷公司，出台金融机构考核奖励办法，出资成立政府背景的信贷担保公司，建立信贷担保基金，等等。那么此类政府干预政策对连片特困地区县域农村金融发展产生了哪些影响？其影响效应具有哪些特征？存在哪些问题？问题存在的原因又有哪些？这些问题的回答对于纠正连片特困地区金融政策制定与实施偏差，促进连片特困地区县域农村金融发展，进而深入推进片区金融扶贫攻坚与经济社会发展具有重要的理论与现实意义。

2.1.2 文献综述

在大多数国家和地区，政府对金融机构和金融资源特别是对银行信贷资源的干预与控制是非常普遍的现象（La Porta et al.，2002）。根据世界银行（World Bank，2001）、耶亚蒂等（Yeyati et al.，2007）的统计，在20世纪70~90年代，全世界40%左右的银行资产由政府所控制，对于前社会主义转轨国家和发展中国家这一比例甚至高达65%以上。原因之一是这些国家金融市场普遍不完善，需要通过政府干预来弥补市场失灵（冯林等，2016）。对于政府干预金融发展的影响及其效果，现有研究还存在争议。

一方面，大部分研究认为，政府干预没有为金融业的发展带来积极影响。卡普里奥和佩里亚（Caprio and Peria，2000）研究发现政府干预银行不仅显著阻碍了一国的金融深化和经济增长，而且提高了金融危机发生率。

巴思等（Barth et al.，2001）基于全球 107 个国家的样本数据研究发现银行的政府所有权与银行业发展之间呈现显著的负相关关系。伊斯米汉和奥兹坎（Ismihan and Ozkan，2010）基于国内信贷市场的主要借款人是政府这一假定，构建理论模型研究表明：私人部门所能获得的信贷会随着公共部门债务的增加而被逐步挤出，从而阻碍金融发展。豪纳（Hauner，2009）的实证研究为该理论研究提供了有效的经验证据。沈钟华和林志勇（Shen and Lin，2012）基于 2003 ~ 2007 年的跨国样本，研究发现政治干预下的银行的运行效率要明显低于远离政府干预的私人银行。鲍姆（Baum et al.，2009）、科内特（Cornett et al.，2008）分别基于土耳其和远东国家的研究也得到了类似的结论。阿加瓦尔等（Agarwal et al.，2014）从监管视角研究认为，地方政府对于辖区内金融机构的倾向性和保护性"监管"，使得问题金融机构得不到及时有效治理，从而增加了金融机构的破产概率。基于银行信贷与政府财政投资的高度互补性，中国各级地方政府对辖区内金融发展的干预也非常突出（郭峰，2016）。特别是 1994 年推行分税制改革以来，自身财力的进一步弱化使得地方政府攫取金融资源的动机进一步强化（巴曙松等，2005；钱先航等，2011）。周立（2003）研究认为地方政府对当地金融机构的控制强化了金融业的财政作用，甚至使金融业沦为政府的"第二财政"，导致金融业呈现"高增长、低质量"特征。尹希果等（2006）研究认为分税制改革导致地方政府面临沉重的财政负担，从而导致了其加强对金融信贷行为的干预，这种干预不利于金融部门发挥其价值发现与企业监管的职能，也必然导致金融信贷资金配置的低效率。王连军（2011）基于一个双重任务约束模型框架分析了危机中政府干预对国有商业银行贷款风险的影响。研究结果显示，政府干预尽管没有造成不良贷款的上升，但对信贷规模的扩张存在明显影响，长期将造成银行资源的过度利用和潜在风险的上升。谷慎和邹亚方（2012）研究发现西部地区政府干预的金融增进作用不明显而金融抑制作用明显。谭劲松等（2012）研究了政府干预与银行不良贷款形成之间的关系。研究认为政治晋升锦标赛的激励、地方分权和财政分成制的改革构成了政府干预的动机和能力，且政府干预是银行产生不良贷款的主要原因。研究同时发现，国有企业性质的存在会削弱地区法制管制对不良贷款产生的抑制效果。邢志平和靳来群（2016）分析了政府干预导致金融资源错配的机制及其程度。研究认为在国有部门内部，政府干预程度越强金融资源错配程度越低；在民营部门，政府干预对民营部门所获金融资源形成"挤出效应"，进而加剧了民营企业之间的融资成本差异，扩大了民营经济部门的金融资源错配程度。

另一方面，部分研究也发现了相反的证据。斯蒂格里兹和温斯（Stiglitz and Weiss，1981）研究认为政府干预有助于弥补金融市场失灵，并实现社会公共利益。德特拉贾凯（Detragiache et al.，2005）基于低收入国家样本的研究发现，政府干预有助于提高银行的经营效率。基于德国（Altunbas et al.，2001）、俄罗斯（Karas et al.，2010）等发达国家样本的研究也得到了类似的结论。张杰和谢晓雪（2008）研究认为，政府因素在中国的金融市场化改革过程中发挥着弥补市场不足和增进市场功能的正向作用。

此外，也有学者研究指出，政府金融干预的效果并不是绝对的，与一个国家的政治体制背景与经济发展水平相关，因而利用跨国样本检验政府干预金融的效果只会得到有偏的结论（Micco et al.，2007；Körner and Schnabel，2011）。赵昌文等（2009）基于2005年和2006年三类商业银行的年报数据研究发现商业银行的政府持股比例与银行业绩之间存在显著的倒U形关系。姚耀军和彭璐（2013）研究发现，地方政府干预导致大量信贷资金财政化，带来明显的通货膨胀后果，但也推动了地方性金融机构的崛起，有助于打破银行业由国有大银行所主导的高度垄断局面。

上述研究主要是基于一个国家整体层面或省级个案层面，并且没有考虑区域间的空间关联。事实上，地区间的金融发展不可能相互独立，金融发展的空间关联特征已经得到相关文献的证实（刘辉等，2013；茹乐峰等，2014）。何德旭和苗文龙（2016）研究认为，分税制改革激化地方政府对金融资源的争夺，因而金融分权必然与财政分权具有相似的空间效应。冯林等（2016）基于山东省的样本研究发现，政府干预对县域金融发展存在空间溢出效应。但此类研究还不多见。鉴于此，本研究拟将研究视角拓展到连片特困地区县域农村层面，基于空间关联视角和66个县域面板数据研究县域农村金融发展水平以及政府干预对片区内县域农村金融发展的影响效应及其特征，以期为此方面的研究提供新的证据。

2.1.3 研究假说

一方面，金融发展会使得储蓄更容易转化为投资，产生流动性效果（Merton and Bodie，1995）。而在空间邻接的地区之间，或地理距离相近的地区之间金融资源的流动性较强（刘华军和杨骞，2014）。另一方面，在空间邻接的地区之间或地理距离相近的地区之间，其金融发展政策如地区征信体系和信用环境建设政策、"三农"与扶贫贷款补贴政策、促进地方金融组织建设政策等往往容易出现相互学习、相互模仿和相互攀比的现象，进而使得此类地区金融发展水平存在趋同性，呈现空间依赖特征。郭峰（2014）以县域地方金融机构的典型代表村镇银行为例，研究发现相邻县域在村镇银行设立上存在竞争和攀比效应，而这种竞争与攀比效应使得县域农村地区村镇银行的设立具有空间交互性，而相邻地区的交互特征更加明显。据此，提出如下假说1：

假说1：连片特困地区空间邻接或地理距离相近的县域，其金融发展水平存在空间关联效应。

财政分权和晋升激励导致各地竞争金融资源，使得地区间金融发展呈现空间效应，并且金融的空间效应与财政的空间效应具有相似性（何德旭和苗文龙，2016）。就县域层面而言，一方面，隶属于同一地市级的县域政府必然归口同一个上级政府管辖，该地市级政府对于其辖区内的金融发展政策制定在很大程度上具有一致性。另一方面，隶属于同一地市级的县域政府官员经常会因共同参加上级政府组织的各项会议与活动，彼此之间相互熟悉，进而为相互模仿、学习和合作创造了条件。而此类县域金融发展政策、措施上的趋同性势必导致金融发展水平的相似性，呈现空间关联特征。据此，提出假说2：

假说2：连片特困地区行政隶属于相同地市级的县域，其金融发展存在空间溢出效应。

　　在自身财力有限的情况下，为助推辖区内经济社会发展，县域地方政府必然加强对辖区内金融市场和金融资源流动的干预。一方面，为完善辖区内金融市场体系，地方政府采取措施完善和建立地方信用管理系统，加强征信体系建设，打击恶意逃废银行债务行为，出资设立企业贷款政府"担保公司"或"担保基金"，推进辖区内地方金融机构与组织（如村镇银行、小额贷款公司等）的增设和发展，引导金融机构大胆创新、提高服务水平与实效，等等。同时，为避免辖区内金融资源外流和吸引外部金融资源流入，县域地方政府对辖区内金融机构的信贷投放额度、呆坏账核销规模等进行考核，并根据考核结果提供差异化的税收减免、财政补贴、个税返还或现金奖励等。就各自县域而言，这些干预都将有利于促进自身金融发展水平的提高，因而对县域内金融发展存在正向空间溢出效应。另一方面，就整体而言，如果各个县域干预政策措施基本协调，干预得当，将有利于形成正向干预合力，进而形成规模效应。即政府干预的外部性超越县域边界，使得相关县域金融发展呈现趋同性，实现县域间金融发展水平的整体提升。这种情况下，政府干预对县域间金融发展表现为正向空间溢出效应。然而，如果各个县域干预政策措施不协调、干预不得当，如某些县域利用县域金融机构管理机制体制上的缺陷，将金融机构变为自身的"第二财政"，这势必将加速地方金融风险积累。又如，县域采取一些过度扭曲型政策强势吸引外部金融资源流入，势必构成对周边县域金融资源的"掠夺"，进而引发地方政府之间的恶性竞争。这种情况下，政府干预将对县域间金融发展将带来负向空间溢出效应。为此，提出假说3：

　　假说3：政府干预对连片特困地区县域内金融发展存在正向空间溢出效应，对县域间金融发展存在空间溢出效应，但效应方向需要进一步验证。

　　为了验证上述假说的正确性，下面构建空间杜宾模型进行实证检验。

2.2 模型与变量

2.2.1 计量模型设定

2.2.1.1 空间相关性检验

在建立空间计量模型之前，首先需要借助检验被解释变量的空间自相关性。一般通过构造 Moran'I 指数进行，其构造如下：

$$I = \frac{\sum_{i=1}^{N} \sum_{j=1}^{N} w_{ij} (U_i - \overline{U}) (U_j - \overline{U})}{m_2 \sum_i \sum_j w_{ij}} \tag{2.1}$$

其中，$m_2 = \sum_i (U_i - \overline{U})/N$，$\overline{U}$ 代表均值，N 代表地区个数；w_{ij} 代表二进制的空间权重矩阵，矩阵元素 w_{ij} 的确定按照 Rook 相邻规则（两个地区拥有共同边界则视为相邻）进行，即地区 i 和地区 j 相邻，则 $w_{ij} = 1$，否则 $w_{ij} = 0$；矩阵主对角线元素均设置为 0。指数 $I = 0$ 表示不存在空间相关性；$I < 0$ 表示存在空间负相关性，$I > 0$ 表示存在空间正相关性。I 值越大意味着空间相关性越强，反之越小。

2.2.1.2 空间面板杜宾模型设定

由于连片特困地区内各县域地方政府之间的行政壁垒及其县域区位因素的影响，使得政府干预的外部性可能超越县域边界，进而使得区位邻近的县域金融发展呈现趋同性。基于传统模型无法体现这一因素的影响，将空间邻接项引入模型，建立空间杜宾模型来分析县域金融发展的空间溢出特征以及政府干预对连片特困地区县域金融发展水平的影响，模型形式为：

$$y = \alpha l_n + \lambda W y + \beta X + \rho W X + \varepsilon \tag{2.2}$$

其中，y 是被解释变量，X 是解释变量与控制变量向量。β 是解释变量的系数矩阵；W_y 是 y 的空间滞后项，ρWX 代表来自相邻地区解释变量的影响，W 为空间权重矩阵；ρ 为空间系数向量。ε 为随机误差，且满足 $\varepsilon \sim N(0, 1)$。I_n 为 $n \times 1$ 阶单位矩阵，n 为地区个数。根据乐斯吉和佩斯（Lesage and Pace，2009）的研究，在被解释变量的空间自相关系数显著不为零的情况下，引入空间滞后项后所产生的空间自相关性将使得模型不再满足经典假设条件，从而得到有偏的估计结果。为了克服上述问题，乐斯吉和佩斯（Lesage and Pace，2009）进一步提出了一种空间回归模型的偏微分方法，将解释变量对被解释变量空间溢出的直接效应和间接效应从总效应中分解出来，以实现对模型估计得更为合理的解释。直接效应体现了一个地区解释变量的改变对该地区被解释变量的影响，即地区内的影响；间接效应体现了一个地区解释变量的改变对其他地区被解释变量的潜在影响，即地区间的影响。为了获得以上三种效应，故将式（2.2）转变成如下形式：

$$(I_n - \lambda W)y = \beta X + \rho WX + \alpha I_n + \varepsilon \tag{2.3}$$

进一步变形得到：

$$y = (I_n - \lambda W)^{-1}(\beta X + WX\rho) + (I_n - \lambda W)^{-1} \tag{2.4}$$

容易验证 $(I_n - \lambda W)^{-1} = I + \lambda W + \lambda^2 W^2 + \lambda^3 W^3 + \cdots$，不妨令 $\varphi(W) = (I_n - \lambda W)^{-1}$，$S_r(W) = \varphi(W)(I_n \beta_r + W\rho_r)$，则式（2.4）可进一步转变为：

$$y = \sum_{r=1}^{k} S_r(W)x_r + \varphi(W)\alpha I_n + \varphi(W)\varepsilon \tag{2.5}$$

式（2.5）的矩阵形式为：

$$
\begin{bmatrix} y_1 \\ y_2 \\ \vdots \\ y_n \end{bmatrix} =
\begin{bmatrix}
S_r(W)_{11} & S_r(W)_{12} & \cdots & S_r(W)_{1n} \\
S_r(W)_{21} & S_r(W)_{22} & \cdots & S_r(W)_{2n} \\
\vdots & \vdots & \cdots & \vdots \\
S_r(W)_{n1} & S_r(W)_{n2} & \cdots & S_r(W)_{nn}
\end{bmatrix}
\begin{bmatrix} x_{1r} \\ x_{2r} \\ \vdots \\ x_{nr} \end{bmatrix}
+ \varphi(W)\alpha I_n + \varphi(W)\varepsilon
$$

$$\tag{2.6}$$

令 $S_r(W)_{ij}$ 为 $S_r(W)$ 中的第 i 行第 j 列的元素，由式（2.6）可知：

$$\frac{\partial y_i}{\partial x_{jr}} = S_r(W)_{ij} \tag{2.7}$$

由此可见，地区 j 的变量 x_{jr} 对任意地区 i 的被解释变量都可能存在影响。特别地，当 $j = i$ 时有：

$$\frac{\partial y_i}{\partial x_{jr}} = S_r(W)_{ii} \qquad (2.8)$$

式（2.8）中，$S_r(W)_{ii}$ 为矩阵 $S_r(W)$ 主对角线上的第 i 个元素，表示地区 i 的变量 x_{ir} 对本地区内被解释变量 y_i 的"直接效应"。将矩阵 $S_r(W)$ 主对角线上的所有元素取算术平均值，即得到变量 x_r 的平均直接效应（average direct effect，ADE）：

$$ADE = \frac{1}{n}\text{tr}[S_r(W)] \qquad (2.9)$$

其中，$\text{tr}[S_r(W)]$ 代表矩阵 $S_r(W)$ 的迹，即主对角线元素之和。另外，假设所有地区的变量 x_r 都变化一个单位，其对地区 i 被解释变量的总效应则为矩阵 $S_r(W)$ 的第 i 行元素之和，即 $\sum_{j=1}^{n} S_r(W)_{ij}$。取所有地区总效应的算术平均值，得到变量 x_r 的平均总效应 ATE（average total effect）：

$$ATE = \frac{1}{n}\sum_{i=1}^{n}\sum_{j=1}^{n} S_r(W)_{ij} \qquad (2.10)$$

而变量 x_r 的平均间接效应 AIE（average indirect effect）则为平均总效用与平均直接效应之差：

$$AIE = \frac{1}{n}\Big[\sum_{i=1}^{n}\sum_{j=1}^{n} S_r(W)_{ij} - \text{tr}[S_r(W)]\Big] \qquad (2.11)$$

2.2.1.3 空间权重矩阵设定

（1）空间邻接权重矩阵。区位因素是引起空间效应的重要原因。因此本书设置空间邻接 0 - 1 矩阵（W_1）来反映这种区位空间邻接关系。该矩阵元素在县域 i 和 j 相邻时取值为 1，不相邻时取值为 0，对角线元素设置为 0。

（2）地理距离权重矩阵。为观察县域间地理距离差异对县域金融发展水平的影响，本书构建地理距离矩阵（w_2）。采用县域间地理距离的倒数作为矩阵元素，数值上依据经纬度采用球面上两县版图质心之间最短连线的长度（即球面距离）的平方的倒数来衡量，对角线元素设置为 0。该矩阵意味着县域之间地理距离越远，空间关联越弱。

（3）行政隶属权重矩阵。一般而言，连片特困地区县域金融发展政策会受到上级地方政府如地市级政府、甚至省级政府的影响。因此，隶属于同一地市级的县域之间在金融发展政策、措施等方面可能存在更多的合作与趋同。为此，参照周亚红等（2013）的研究，进一步构建行政隶属权重矩阵 w_3 和行政隶属邻接矩阵 w_4。矩阵 w_3 中，当考察县域隶属于同一地级市时其矩阵元素设置为 1，否则设置为 0；对角线元素设置为 0。矩阵 w_4 中，当考察县域隶属于同一地级市且相邻时其矩阵元素设置为 1，否则设置为 0，对角线元素设置为 0。

2.2.2　变量与数据

2.2.2.1　指标设置与变量选取

（1）被解释变量。金融发展水平（$Fcial$）：选取县域农村金融机构信贷投放规模来表示连片特困地区县域农村金融发展水平，数值上采用县域金融机构年末贷款余额与县域 GDP 的比例来衡量。一方面，由于金融机构信贷投资与政府财政投资具有高度互补性（郭峰，2016），县域地方政府干预的结果主要是刺激金融机构扩大在自身行政区域内的信贷投放。因此县域金融机构信贷投放规模能够较好地体现政府干预的结果。另一方面，除金融机构信贷规模外，关于连片特困地区县域层面其他融资规模的相关权威统计数据还没有公开发布。而我国连片特困地区金融市场发展滞后，金融产业处于初级发展阶段，以金融机构信贷为代表的间接融资占据绝对的主导地位。因此，认为信贷投放规模能够较好地代表该类地区金融发展水平。

（2）核心解释变量。政府干预（$Gover$）：邢志平和靳来群（2016）采用财政补贴（地方政府财政补贴占工业增加值的比重）、财政激励（政府财政支出与财政收入的差额与财政收入的比值）、国有企业垄断势力（地方国有企业工业增加值占当地总工业增加值的比重）、国有企业偏爱（地方国有企业获政府财政补贴占地方政府全部财政补贴的比重）来全面衡量政府干预程度。但是基于数据可得性，县域农村层面的相关研究主要采用地方政府公共财政支出水平来衡量政府干预力度（师傅和沈坤荣，2013）。基于连片特困地区大部分属于县域农村地区，政府财政支出水平能一定程度上反映地方政府为促进地区经济社会发展所能够调动的资源的多寡，即干预力度的大小。因此，采用县域地方政府财政支出水平来衡量政府干预力度，数值上采用县域政府财政支出与 GDP 的比例来衡量。

（3）控制变量。为了控制其他因素的影响，选用经济基础、投资水平、产业结构、人口密度、基础设施作为控制变量。在经济基础（Fundt）变量选择上，由于经济发展水平与金融发展水平密切相关，经济发展水平相对较高的县域金融发展水平也相对较高。鉴于连片特困地区的特殊性，参照冯林等（2016）的做法，采用人均储蓄水平的对数来代表县域经济基础。在投资水平（Inves）变量选择上，基于众多理论与实践都已经证明投资水平与县域金融发展水平密切相关，参照大多数学者的研究，采用县域固定资产投资总额与 GDP 的比值来表示。在产业结构（Indus）变量选择上，由于连片特困地区大多数产业集中在第一产业，第二、第三产业发展滞后。但第一、第三产业的发展将对县域金融发展产生重要影响。现有研究普遍采用第二、第三产业产值占地区生产总值的比重作为产业结构的代理变量。由于本书大部分年份样本县域第三产业增加值数据缺失，同时考虑到连片特困地区第三产业总体发展水平低，采用第二产业产值占地区生产总值的比重近似表示产业结构。在人口密度（Human）变量选择上，已有研究认为人口密度是影响县域金融发展的重要因素。一般而言，人口密度较大的县域，金融需求也相应较大，因而金融机构网点布局将相对稠密，金融产品也将相对丰富，信贷额度也将相对较大。故采用县域总人口与县域行政区域总面积的比值表示（单位：百人/每平方公里）。在基础设施（Infra）变量选择上，一般而言，金融发展水平的提高将有利于促进基础设施建设水平提高，基础设施建设水平的提高也将反过来促进金融发展水平提高。关于县域农村基础设施代理变量的选择主要有两种方式。其一是选择实物基础设施（如电话普及率、自来水普及率、农村卫生厕所普及率、人均道路长度或密度等）或者到特定基础设施的距离（如学龄儿童到学校的距离）作为代理变量（Winters et al.，2009）。其二是选择基础设施投资额作为代理变量（骆永民和樊丽明，2012）。由于前者可以较为直接地反映相应地区基础设置建设现状，而后者主要反映的是相应地区基础设置建设的投入力度，无法反映资金投入的现实效果。因此，采用电话普及率作为连片特困地区基础设施水平的代理变量。

2.2.2.2 数据来源

武陵山区行政区域范围包括湖南、湖北、贵州、重庆4个省域的11个地（市、州）和71个县。71个县域中包含碧江区、武陵源区、永定区、黔江区、鹤城区5个市辖区。由于市辖区与县在经济、金融发展特征以及事权财权划分上存在较大差异，同时市辖区分区数据中本书相关核心指标数据严重缺失。因此，本书将其剔除，研究样本数据只包括剔除了上述5个市辖区的武陵山区66个县域2001～2015年的数据。指标数据主要来源于相关各年《湖南统计年鉴》中各县（市、区）主要经济和社会统计指标数据、《湖北统计年鉴》中县市主要经济指标数据、《贵州统计年鉴》中市（州）、县（市、区、特区）资料数据和扶贫开发重点县主要经济指标数据、《重庆统计年鉴》中区县数据。其中，县域生产总值数据整理中，由于统计指标及其口径变化，相关统计年鉴给出了2000年、2013年、2014年相关县域生产总值及其各产业增加值数据，而2001～2012年仅给出了第一产业增加值与第二产业增加值，县域生产总值数据缺失。为保持统一，本书全部采用县域第一产业增加值与第二产业增加值之和近似替代县域生产总值。投资水平指标数据统计年鉴中2000～2005年表现为基本建设投资完成额，2006～2008年表现为城镇固定资产投资完成额，2009～2012年表现为固定资产投资完成额（不含农户），2013～2014年表现为固定资产投资完成额。考虑到农户固定资产投资份额本身较小，本书未加以区分，统称为固定资产投资完成额。所有数据处理均通过Stata 13.0软件进行，表2.1报告了本研究变量定义及其数据的描述性统计结果。

表 2.1 变量定义及其描述性统计

变量名称	变量代码	变量定义	平均值	标准差
金融发展	Fcial	县域金融机构年末贷款余额/县域 GDP	0.5304	0.2828
政府干预	Gover	县域政府财政支出总额/县域 GDP	0.2366	0.1213
经济基础	Fundt	县域人均储蓄存款余额的对数	4.9399	3.4806
人口密度	Human	县域总人口/县域行政区域总面积（百人/每平方公里）	6.576	2.795
产业结构	Indus	第二产业增加值/县域 GDP	0.5253	0.3741
投资水平	Inves	县域固定资产投资总额/县域 GDP	0.2366	0.1213
基础设施	Infra	固定电话用户数/常住人口户数	0.3980	0.2502

2.3 基于空间杜宾模型的实证分析

2.3.1 空间自相关检验

表 2.2 显示了 4 种空间权重矩阵下政府干预和金融发展水平变量的空间自相关检验结果。该检验主要通过空间 Moran'I 指数来实现，指数绝对值越大（越小）表明空间关联程度越大（越小）。从表 2.2 可知，4 种权重矩阵下被解释变量和解释变量的空间指数均为正且都通过了 10% 的显著性水平检验，表明金融发展水平和政府干预变量均存在显著的正向空间关联，适合采用空间模型进行分析。初步验证了假说 1 和假说 2 的正确性。进一步比较发现，金融发展水平的空间 Moran'I 指数值整体上小于政府干预水平的 Moran'I 指数值。表明县域金融发展水平的空间关联程度整体上要小于政府干预水平的空间关联强度。

表 2. 2   关键变量不同空间权重矩阵下的 **Moran'I** 指数

年份	空间邻接权重 W_1		地理距离权重 W_2		行政隶属权重 W_3		隶属邻接权重 W_4	
	Fcial	*Gover*	*Fcial*	*Gover*	*Fcial*	*Gover*	*Fcial*	*Gover*
2000	0. 186 ***	0. 294 ***	0. 102 **	0. 227 ***	0. 328 ***	0. 371 ***	0. 276 ***	0. 333 ***
2001	0. 187 ***	0. 268 ***	0. 099 **	0. 227 ***	0. 268 ***	0. 387 ***	0. 283 ***	0. 350 ***
2002	0. 088 *	0. 249 ***	0. 138 **	0. 216 ***	0. 144 **	0. 336 ***	0. 187 **	0. 281 ***
2003	0. 306 ***	0. 265 ***	0. 177 ***	0. 249 ***	0. 444 ***	0. 383 ***	0. 464 ***	0. 309 ***
2004	0. 254 ***	0. 228 ***	0. 167 ***	0. 191 ***	0. 383 ***	0. 295 ***	0. 344 ***	0. 226 **
2005	0. 127 **	0. 333 ***	0. 116 **	0. 265 ***	0. 147 **	0. 417 ***	0. 127 **	0. 399 ***
2006	0. 092 *	0. 271 ***	0. 089 *	0. 221 ***	0. 123 **	0. 334 ***	0. 117 *	0. 335 ***
2007	0. 131 **	0. 245 ***	0. 119 **	0. 225 ***	0. 168 ***	0. 327 ***	0. 133 **	0. 289 ***
2008	0. 091 *	0. 349 ***	0. 095 **	0. 289 ***	0. 100 *	0. 486 ***	0. 098 *	0. 447 ***
2009	0. 194 **	0. 287 ***	0. 187 **	0. 257 ***	0. 191 **	0. 386 ***	0. 188 **	0. 350 ***
2010	0. 134 **	0. 196 ***	0. 114 **	0. 173 ***	0. 196 **	0. 349 ***	0. 139 *	0. 272 ***
2011	0. 235 ***	0. 345 ***	0. 173 ***	0. 289 ***	0. 281 ***	0. 495 ***	0. 253 ***	0. 462 ***
2012	0. 276 ***	0. 391 ***	0. 194 ***	0. 316 ***	0. 293 ***	0. 430 ***	0. 310 ***	0. 478 ***
2013	0. 247 ***	0. 354 ***	0. 161 ***	0. 267 ***	0. 291 ***	0. 387 ***	0. 367 ***	0. 466 ***
2014	0. 224 ***	0. 220 ***	0. 153 ***	0. 170 ***	0. 287 ***	0. 199 ***	0. 335 ***	0. 264 ***

注：* 、 ** 、 *** 分别表示10% 、5% 和1% 的水平上显著。

2. 3. 2   空间溢出效应分析

由于模型选择中的豪斯曼（Hausman）检验结果显示应该选择固定效应模型进行分析。为此，我们分别计算了 4 种权重矩阵下时间固定效应（FE – time）、地区固定效应（FE – area）和时间地区双向固定效应（FE – double）的估计结果。表 2. 3 给出了空间邻接与地理距离权重矩阵下空间杜宾固定效应模型的计算与分解结果，以及行政隶属权重和行政隶属邻接权重矩阵下空间杜宾固定效应模型的计算与分解结果。从表 2.3 中可知，12 个模型估计中被解释变量的空间相关系数 ρ 不为零且都通过了 1% 的显著性水平检验，表明连片特困地区县域金融发展水平存在显著的空间关联效应。正向的空间自相关系数说明空间、地理上临近或行政隶属相同的县域金融发展水平具有相似性。进一步验证了假说 1 和假说 2 的正确性。意味着相关县域金融发展水平的提高将会对其他县域金融发展水平带来积极影响。同时，空间邻接和地理矩阵权重矩阵下的空间自相关系数 ρ 要普遍大于行政隶属矩阵下的空间自相关系数，表明空间或地理距离越近的县域金融发展水平的空间关联水平越高，并且其空间溢出效应要大于行政隶属相同的县域。由于被解释变量的空间相关系数显著不为零，基于点估计的传统空间模型得到的解释变量的回归系数估计值并不能用来衡量真实的偏回归系数，以此来度量对被解释变量的空间溢出效应将得到有偏的结果。为此，我们进一步采用偏微分方法将空间溢出效应分解为直接效应、间接效应和总效应。其中直接效应体现了解释变量在连片特困地区县域内部的溢出效应，即对县域内金融发展水平的平均影响；间接效应体现了解释变量在县域之间对金融发展水平的溢出效应，即解释变量对其他县域金融发展水平的平均影响；总效应表示解释变量对县域内和县域之间金融发展水平的平均影响。为准确观察解释变量在县域内和县域间对金融发展水平的溢出效应，本书进一步就 4 种权重矩阵下空间杜宾模型的估计效应进行分解。从表 2.3 可知，4 种空间权重矩阵下 3 种固定效应模型的估计系数符号均具有很高的相似性，反映了空间杜宾模型估计的稳定性。同时，进一步根据赤池信息准则（AIC）和 LL 准则，可知双向固定效应模型的估计是最佳的。下面，就双向固定效应模型的估计结果进行具体分析。

表 2.3　空间杜宾模型估计及分解结果

模型		空间邻接权重矩阵 W_1			地理距离矩阵 W_2			行政隶属权重矩阵 W_3			隶属邻接权重矩阵 W_4		
	变量	(1) FE-time	(2) FE-area	(3) FE-double	(4) FE-time	(5) FE-area	(6) FE-double	(7) FE-time	(8) FE-area	(9) FE-double	(10) FE-time	(11) FE-area	(12) FE-double
直接效应	Gover	0.6741*** (0.0973)	0.2557* (0.1386)	0.3591*** (0.1393)	0.6505*** (0.1025)	0.3735*** (0.1387)	0.4230*** (0.1398)	0.5087*** (0.1033)	0.2117 (0.1455)	0.3631** (0.1446)	0.5898*** (0.1011)	0.1176 (0.1469)	0.3368** (0.1439)
	Fundt	0.2072*** (0.0195)	0.1761*** (0.0295)	0.2194*** (0.0310)	0.1768*** (0.0200)	0.1772*** (0.0298)	0.4206*** (0.0311)	0.1627*** (0.0187)	0.0697** (0.0248)	0.2244*** (0.0298)	0.1650*** (0.0191)	0.0482* (0.0248)	0.2277*** (0.0301)
	Human	-0.3666*** (0.1827)	-0.5505*** (0.1658)	-0.5222*** (0.1724)	-0.0282 (0.1871)	-0.4689*** (0.1712)	-0.5031*** (0.1729)	-0.3153* (0.1872)	-0.2016 (0.1629)	-0.4931*** (0.1727)	-0.3008* (0.1839)	-0.2481 (0.1616)	-0.5219*** (0.1728)
	Indus	0.2157*** (0.0896)	0.1654 (0.1017)	0.0756 (0.0997)	0.1941* (0.0919)	0.1103 (0.0992)	0.0441 (0.0987)	0.2411*** (0.0923)	0.1515 (0.1026)	0.1062 (0.0984)	0.2274** (0.0912)	0.1818* (0.1052)	0.1062 (0.0992)
	Inves	0.0758*** (0.0124)	0.0370*** (0.0131)	0.0493*** (0.0132)	0.0871*** (0.0127)	0.0390*** (0.0130)	0.0471*** (0.0133)	0.0857*** (0.0122)	0.0008 (0.0124)	0.0392*** (0.0134)	0.0884*** (0.0123)	0.0040 (0.0126)	0.0479*** (0.0133)
	Infra	0.3092*** (0.0394)	0.1009 (0.0456)	0.1937*** (0.0485)	0.2813*** (0.0404)	0.1284** (0.0460)	0.1957*** (0.0488)	0.3367*** (0.0393)	0.0974* (0.0460)	0.2056*** (0.0488)	0.3313*** (0.0387)	0.0567 (0.0460)	0.2050*** (0.0486)
间接效应	Gover	1.2796*** (0.2117)	0.9288*** (0.2952)	1.4271*** (0.2862)	1.0483*** (0.3110)	0.7583 (0.4646)	1.4808*** (0.4684)	1.2265*** (0.2112)	0.7500*** (0.3068)	0.9348*** (0.2892)	1.0210*** (0.1491)	0.7434*** (0.2316)	0.9345*** (0.2189)
	Fundt	-0.1780*** (0.0392)	-0.2815*** (0.0543)	-0.0764* (0.0376)	-0.1238* (0.0576)	-0.2859*** (0.0828)	-0.2019** (0.1002)	-0.0176 (0.0284)	-0.2039*** (0.0244)	-0.0489*** (0.0261)	-0.0512** (0.0209)	-0.1313*** (0.0384)	-0.0529* (0.0374)
	Human	0.6313* (0.3496)	0.2681 (0.2718)	0.4308 (0.3057)	0.9603 (0.7791)	0.2303 (0.4058)	0.9434 (0.7245)	0.5344 (0.4012)	-0.1175 (0.2976)	0.3969 (0.3503)	0.3829 (0.2584)	0.1070 (0.2093)	0.3342 (0.2139)
	Indus	0.3936** (0.1880)	0.5095** (0.2186)	0.2815 (0.2009)	0.6410** (0.3009)	1.0064*** (0.3393)	0.2833 (0.2922)	0.0600 (0.1594)	0.3194 (0.2171)	0.0818 (0.1895)	0.1633 (0.1281)	0.1916 (0.1598)	0.0469 (0.1461)

续表

模型	变量	空间邻接权重矩阵 W_1			地理距离矩阵 W_2			行政隶属权重矩阵 W_3			隶属邻接权重矩阵 W_4		
		(1) FE-time	(2) FE-area	(3) FE-double	(4) FE-time	(5) FE-area	(6) FE-double	(7) FE-time	(8) FE-area	(9) FE-double	(10) FE-time	(11) FE-area	(12) FE-double
间接效应	Inves	0.0191** (0.0218)	-0.0506*** (0.0194)	0.0248 (0.0239)	0.0490 (0.0350)	-0.0511** (0.0291)	0.0714** (0.0348)	0.0138 (0.0110)	0.0198 (0.0198)	0.0491** (0.0211)	0.0060 (0.0084)	-0.0026 (0.0148)	0.0245 (0.0164)
	Infra	-0.1598** (0.0704)	-0.5768*** (0.0898)	-0.0410 (0.1132)	-0.3333*** (0.1124)	-0.8194*** (0.1346)	0.0649 (0.2073)	-0.2117*** (0.0690)	-0.5007*** (0.0935)	-0.0554 (0.1060)	-0.1874*** (0.0516)	-0.4186*** (0.0716)	-0.0625 (0.0776)
	Gover	1.9537*** (0.2046)	1.1845*** (0.2697)	1.7862*** (0.2583)	1.6989*** (0.2990)	1.1318*** (0.4284)	1.9037*** (0.4355)	1.7352*** (0.2008)	0.9617*** (0.2860)	1.2979*** (0.2660)	1.6108*** (0.1484)	0.8610*** (0.2109)	1.2713*** (0.1967)
	Fundt	0.0291 (0.0363)	-0.1054** (0.0459)	0.1430** (0.0663)	0.0530 (0.0555)	-0.1087 (0.0736)	0.2187** (0.0979)	0.1451*** (0.0325)	-0.1341*** (0.0499)	0.1755*** (0.0597)	0.1139*** (0.0247)	-0.0831** (0.0346)	0.1748*** (0.0425)
	Human	0.2648 (0.3623)	-0.2825 (0.2666)	-0.0914 (0.3407)	0.9321 (0.7554)	-0.2385 (0.3785)	0.4403 (0.7304)	0.2191 (0.4304)	-0.3191 (0.2977)	-0.0962 (0.3913)	0.0821 (0.3006)	-0.1411 (0.2262)	-0.1677 (0.2648)
	Indus	0.6093*** (0.2089)	0.6749*** (0.2433)	0.3571 (0.2198)	0.8351*** (0.3158)	1.1167*** (0.3593)	0.3274 (0.3104)	0.3011** (0.1761)	0.4709** (0.2468)	0.1880 (0.2112)	0.3907** (0.1511)	0.3734** (0.1894)	0.1531 (0.1677)
总效应	Inves	0.0949*** (0.0212)	-0.0136 (0.0179)	0.0741*** (0.0234)	0.1361*** (0.0344)	-0.0121 (0.0271)	0.1184*** (0.0348)	0.0995*** (0.0147)	0.0207 (0.0191)	0.0883*** (0.0215)	0.0945*** (0.0126)	0.0014 (0.0144)	0.0724*** (0.0171)
	Infra	0.1494** (0.0691)	-0.4759*** (0.0946)	0.1527 (0.1286)	-0.0520 (0.1158)	-0.6909*** (0.1343)	0.2606 (0.2212)	0.1251* (0.0774)	-0.4033*** (0.1014)	0.1502 (0.1236)	0.1438*** (0.0593)	-0.3619*** (0.0810)	0.1425 (0.0962)
ρ		0.1951*** (0.0442)	0.2937*** (0.0389)	0.1970** (0.0449)	0.1200* (0.0671)	0.4017*** (0.0537)	0.1500** (0.0658)	0.1561*** (0.0459)	0.2734*** (0.0419)	0.1877*** (0.0436)	0.1102*** (0.0328)	0.2143*** (0.0318)	0.0885*** (0.0332)
Log-likelihood		96.6461	301.4792	346.9971	62.6561	309.1637	341.4604	83.6649	283.8930	343.3989	83.3236	260.4984	341.2599
AIC		-165.3056	-574.9621	-665.9907	-97.3125	-590.3386	-654.9208	-139.3299	-539.7861	-658.7978	-138.6473	-492.9968	-654.5198
BIC		-96.7290	-506.3958	-597.4387	-28.7431	-521.7656	-586.3529	-70.7620	-471.2082	-590.2299	-70.0794	-424.4289	-585.9519

注：括号内为标准误；*、** 和 *** 分别表示10%、5%和1%的水平上显著。

由模型（3）、模型（6）、模型（9）、模型（12）解释变量的系数分解结果可知，在4种不同的空间权重矩阵并加入不同控制变量空间滞后项的情况下，政府干预（*Gover*）对连片特困地区县域金融发展的直接效应、间接效应和总效用均在5%或1%的水平上显著为正且表现稳健，表明政府干预对连片特困地区县域内和县域间金融发展均产生了正向空间溢出，不仅有效促进了本县域内金融发展水平的提高，并且也对其他县域的金融发展带来了积极影响。同时，间接效应的估计系数普遍大于直接效应的估计系数，表明政府干预对县域内金融发展的空间溢出效应要大于县域间的空间溢出效应。部分验证了假说3的正确性。基于我国以经济绩效考核为主的地方政府考核与晋升机制，县域地方政府将通过积极干预经济金融事务为自身政治晋升获得更多筹码（周立，2003）。由于借助投资推动辖区经济增长是最有效、最直接的手段。为此，县域地方政府为了获得流动性最强的生产要素—金融资源的支持，必然采取措施积极努力促进辖区内金融业的发展。如进一步疏通金融融资渠道，鼓励新建地方金融机构，规范民间融资行为，完善地方信用体系。通过税收减免，提供信贷补贴等多种方式，促进辖区内金融机构创新服务模式。这些都将有利于促进县域地方金融发展。因此，县域政府干预对本县域内金融发展的直接效应显著为正。同时，县域政府干预对县域间金融发展的间接效应显著为正，意味着连片特困地区县域地方政府金融干预政策主要表现为合作型政策。在空间关联视角下，片区内县域地方政府之间会通过相互学习与相互模仿而在金融干预政策的制定与选择上产生趋同性，使得在县域之间形成政策合力，进而有利于优化片区整体金融发展环境，遏制片区内县域金融资源外流，甚至吸引外来金融资源流入，从而推动各县域金融发展水平的整体提升。

从控制变量的系数分解结果来看，经济基础对片区县域金融发展水平影响的直接效应、总效用均正向显著，间接效应均负向显著。表明经济基础有效促进了县域内金融发展水平的提高，但对其他县域金融发展产生了显著的负向空间溢出效应，由于正向的直接效应显著大于负向的间接效应，其总效用正向显著。意味着片区县域内部经济与金融发展的良性互动已经形成，但县域之间经济发展的不良竞争导致金融资源向经济发展水平较高的县域集聚。人口密度对片区内县域金融发展水平影响的直接效应负向显著，间接效应正向不显著，总效应负向不显著。表明人口密度的增大未能有效促进县域内与县域间金融发展水平的提高。可能的原因是连片特困地区县域人口的文化水平、整体素质不高，其利用金融资源促进自身发展的知识与能力有限，尚难以达到利用县域人力资本促进金融发展的目标。因而其对金融发展的影响不显著。产业结构对片区县域金融发展影响的直接效应、间接效应与总效应均为正但都不显著，表明产业结构未能在县域内及县域间产生明显的正向空间溢出。这与连片特困地区县域范围内第二产业发展滞后有关。投资水平对片区县域内金融发展影响的直接效应和总效应显著为正，间接效应为正但大部分不显著。表明投资对片区县域内和县域整体金融发展产生了显著的正向空间溢出，但对县域间金融发展的正向溢出效应不显著。基础设施对县域内金融发展水平产生了显著的正向空间溢出，但对县域间和县域整体金融发展的空间溢出效应不显著，可能的原因是片区内各县域之间的基础设施建设还未能跨越行政壁垒，在县域之间还没有有效实现互联互通，导致其对其他县域金融发展的促进作用还难以显现。

进一步比较各类权重矩阵下解释变量的系数分解结果，可以发现：空间邻接与地理距离权重矩阵下政府干预的估计系数整体上大于行政隶属矩阵和隶属邻接矩阵的估计系数。表明相对于片区内隶属于同一个地市级政府的县域，空间上邻接、地理距离邻近的县域政府干预对金融发展的空间溢出效应更强，也意味着这些县域呈现更好的合作与协同发展关系。

2.4 研究结论与启示

本章基于武陵山区 66 个县域的面板数据，采用空间杜宾模型及其分解实证分析了连片特困地区县域金融发展的空间特征以及政府干预对连片特困地区县域金融发展的空间效应。研究结果表明：连片特困地区县域金融发展存在显著的空间关联效应，空间邻接或地理距离相近的县域，或行政隶属于相同地市级的县域，其金融发展水平均存在正向空间关联。政府干预对连片特困地区县域内和县域间金融发展均存在正向空间溢出效应。并且空间上邻接、地理距离邻近的县域政府干预对金融发展的空间溢出效应更强。研究同时发现，经济基础对县域内金融发展存在正向空间溢出，对县域间金融发展存在负向空间溢出。基础设施、投资水平对县域内金融发展均存在正向空间溢出，人口密度对县域内金融发展存在负向空间溢出。三者对县域间金融发展的空间溢出效应不显著。产业结构对县域内和县域间金融发展的空间溢出效应均不显著。

上述结论为推动我国连片特困地区县域金融发展提供了有益的政策启示。当前，政府有序干预是促进连片特困地区县域金融发展的重要因素。因此，应着力维护片区内县域地方政府之间的良性竞争环境，将地方政府对县域金融改革与发展的干预控制在政府部门的职能边界之内。积极努力加强片区内县域政府部门之间的沟通协调与合作，放大政府干预对县域间金融发展的正向空间溢出效应。同时，县域地方政府应采取措施进一步加强自身征信体系建设，完善金融市场体系，采取措施引导和促进地方金融机构发展，扩大辖区内金融资源增量。同时，应强化监督，积极引导辖区内金融机构大胆创新，规避风险，完善服务，提升辖区内金融发展质量。扩大政府干预对自身县域内金融发展的促进效应。此外，各县域应进一步夯实自身经济基础，稳步推进辖区内基础设施建设，整合投资渠道，提高投资水平，以全面推进连片特困地区县域金融发展。

第 3 章

金融抑制对农民内部收入差距的影响*

本章首先从理论上阐述了贫困地区金融抑制对农民内部收入分层的影响机理，即金融抑制造成金融市场上穷人和富人生产投资机会选择的不平等，使得穷人和富人财富增长出现"两极分化"态势，进而加剧了农民内部收入不平等程度，导致贫困程度加深。在此基础上，基于宏观视角，采用 2000～2014 年武陵山区 66 个县域的面板数据和工具变量面板分位数回归模型就县域农村金融抑制对农民内部收入差距的影响效应与影响特征进行实证分析。研究结果显示：连片特困地区金融抑制对不同收入层次农民收入的影响存在异质性。金融抑制程度缓解有利于促进较高收入层次农民的收入增长，并且对最高收入层次农民增收的促进作用最强；但无益于较低收入层次农民的收入增长。金融抑制进一步加剧了连片特困地区农民内部收入差距，使得贫者愈贫，富者愈富。

3.1　问题的提出与研究综述

2011 年 5 月中共中央、国务院颁布实施的《中国农村扶贫开发纲要（2011－2020 年）》将武陵山区等 14 个连片特困地区作为我国未来十年扶

---

* 本章主要内容已经发表在：苏静，胡宗义. 连片特困地区金融抑制与农民内部收入不平等 [J]. 金融经济学研究，2017，22（4）：94－104。

贫攻坚的主战场，标志着我国扶贫工作进入了新的以区域扶贫为中心的"攻坚拔寨"阶段。14 个连片特困地区基本覆盖了我国绝大部分贫困地区和深度贫困群体，并且在地域上大部分跨越多个行政区①，一般经济增长不能带动，常规扶贫手段难以奏效，贫困程度深，稳定脱贫难度大，是我国反贫困斗争中名副其实难啃的"硬骨头"。据统计，2014 年我国 14 个集中连片特困地区农民人均纯收入首次突破 6000 元，但仍不足全国平均水平的 60%；全国综合排名最低的 600 个县中有 521 个分布在连片特困地区内，占 86.8%。② 由此可见，连片特困地区农民的减贫增收任务依然艰巨。县域金融作为县域现代经济资源配置的核心，不仅成为众多发展中国家县域经济发展的重要因素和先导力量，而且已经被证明是能够促进农民增收和缓减贫困的有效途径之一。那么，在我国城乡二元金融结构和金融抑制的现实背景下，县域金融发展能否有效促进连片特困地区农民增收呢？如果能，其对农民内部收入的作用程度及其作用特征如何？因此，从金融抑制视角探讨县域金融发展对连片特困地区农民内部收入分配的影响效应及其特征，对于科学评价连片特困地区金融发展的减贫效应，准确把握连片特困地区金融发展政策与方向，提升连片特困地区金融扶贫的精准性和有效性，具有重要的现实意义。

现有关于金融发展与收入分配关系的研究非常丰硕，但主要围绕整体金融发展与城乡收入差距关系展开，并且形成了三种主要观点，即金融发展与收入分配之间存在库兹涅茨倒 U 形曲线关系（Greenwood and Jovanovic，1990；陈伟国和樊士德，2009；丁志国等，2011）；金融发展有利于缓解收入分配不平等程度（Galor and Zeira，1993；Beck et al.，2004；张文等 2010；张彤进，2016）；金融发展扩大了收入分配差距（Maurer and Haber，2007；陈斌开和林毅夫，2012）。但上述研究大部分是基于跨国层面或一个国家整体金融发展层面的城乡收入差距进行，不同程度地忽略了

①　14 个连片特困地区中除西藏、滇西边境山区和新疆南疆三地州外，其余 11 个都跨越多个省域。

②　去年贫困地区农民人均纯收入 5519 元实际增 13.4%　[EB/OL]. 人民网，http://society. people. com. cn/n/2014/0505/c1008 - 24976770. html，2014 - 05 - 05.

不同国家之间以及同一国家内部不同地区之间因各种因素导致的金融发展及其对收入分配影响的差异。近期的研究开始注重从技术或实证的角度探讨特定区域金融发展与收入分配的关系。基于我国城乡金融二元结构以及县域农村金融抑制的客观事实，部分学者开始关注我国县域农村金融发展与农民收入分配的问题，此类研究大致可以分为两类。

一类是基于微观层面的理论探讨。孙若梅（2006）阐释了小额信贷通过与农户的不同初始禀赋相结合，影响农户的生产可能性边界进而促进农民增收和贫困缓减的机理。张立军和湛泳（2006）基于反锁定模型从理论上分析了农村小额信贷通过产业反锁定、技术反锁定和结构反锁定等三条途径促进农民增产增收和降低贫困程度的机理。刘纯彬和桑铁柱（2010）通过构造两个不同农村家庭由于受到信贷约束的不同而导致贫富差距扩大的理论解释，揭示了农村信贷市场不完善将加大农村收入分配差距的机理。王修华和邱兆祥（2011）分析认为受制于农村金融抑制条件下的金融服务门槛和农村金融排斥条件下金融服务的不供给，穷人不能获得金融服务，城乡收入差距扩大。而农村微型金融把那些被排斥于传统金融服务和整体经济增长轨道之外的农村低收入者纳入农村金融服务范围，使他们分享到经济增长所带来的福利改善，从而有助于缩小城乡收入差距进而促进贫困缓减。刘艳华（2015）分析了信贷配给对农户经营收入影响的作用机制，研究认为信贷配给使得农户有效贷款需求不能得到满足，流动性资金受到约束，技术与文化投资及生产条件受到限制，医疗得不到有效保障，劳动生产率无法提高，进而不利于农户经营收入增长。

另一类是基于宏观层面的经验研究。朱喜和李子奈（2007）采用 IVQR 模型研究了农户借贷的经济影响。研究发现农户借贷从整体上显著促进了农户经营收入的增加和中低收入农户产出的增加，但对最贫困和最富有农户的增收作用不明显。李顺毅（2013）基于面板回归模型研究了农业信贷对农村居民收入差距的影响以及行政性垄断对农业信贷收入分配效应的影响。研究认为在农业信贷规模较小（较大）的地区，农业信贷的增加在一定程度上有助于缩小（扩大）农村收入差距，且行政性垄断进一步强化了农业信贷缩小（扩大）农村收入差距的效应。王小华等（2014）基于中国

2010 年的县域截面数据和 IVQR 模型分析了县域农户信贷、财政支出对不同收入水平农民收入的影响，研究显示：农户信贷显著促进了非贫困县农民收入的增长，而对贫困县农民的收入没有起到正向推动作用。陶建平和田杰（2011）基于中国 1772 个县（市）2006～2009 年的面板数据比较分析了农村金融发展的收入效应。研究认为我国县域农村金融的发展对农户收入具有显著的负效应；并且农村金融发展的负面收入效应强度在东、中、西部地区依次递减。苏静（2013）采用 FGT 贫困指数分别计算了贫困发生率、贫困深度（即贫困人口的收入与贫困线的相对差距）、贫困强度（即贫困人口之间收入分配的不平等程度），并采用 PSTR 模型研究了农村非正规金融发的减贫增收效应。研究发现，农村非正规金融发展对 FGT 指数的影响是非线性的，对贫困发生率和贫困深度的影响由促进转变为抑制，对贫困强度的影响表现为逐步提升的抑制效应。刘辉煌和吴伟（2014）研究了我国农户借贷的收入效应。研究认为贷款对农户收入具有显著的促进作用，民间借款和银行贷款都能提高农户收入水平，二者的收入效应差别不大，但是在低收入水平上借贷的收入效应不显著。李长生和张文棋（2015）基于分位数回归模型和江西省的抽样调查数据分析了信贷约束对农户收入的影响。研究发现，信贷约束对 1/10 分位点的低收入农户、1/4 分位点的较低收入农户以及 9/10 分位点的高收入农户的收入具有显著负向影响，而对 5/10 分位点及 3/4 分位点的农户收入影响并不显著。张宁和张兵（2015）实证研究了农村非正规金融对农户内部收入差距与贫困的影响。研究表明，一个村的非正规金融发展规模对该村基尼系数以及贫困人口占比的增长具有显著的抑制作用，而对收入最低的 1/5 农户纯收入占比的增长具有显著的促进作用，即农村非正规金融通过为低收入农户提供金融服务而带来农户内部收入差距缩小，进而促进贫困缓减。

　　已有研究给了我们很好的参考和启示，但还存在一些局限。在研究方法上，已有相关研究基本都是基于线性或参数模型框架分析金融发展对农民收入影响的均值效应，这显然难以全面描述金融发展对不同收入水平农民收入影响的异质性。在研究内容上，已有研究以经验研究为主，且还远没形成具有共识性的结论。理论研究还略显薄弱，还普遍缺少一个金融抑制背景下县域金融抑制对农民内部收入分配影响的理论分析框架。同时,在区域扶贫战略实施和精准扶贫背景下,专门针对连片特困地区金融发展与农民内部收入分配关系的研究还相当缺乏。事实上,连片特困地区作为我国未来十年扶贫攻坚的主战场,一直以来都是我国金融抑制的"重灾区"。在金融减贫政策、减贫机理与路径以及减贫效应等方面与其他地区都存在明显的差异性,其对不同农民群体收入的影响也可能存在差异。基于此,本章构建县域金融抑制与农民内部收入分配关系的理论分析框架,并采用武陵山区 66 个县域 2000 ~ 2014 年的面板数据,工具变量面板分位数模型(PIVQR)就连片特困地区金融发展对农民内部收入的影响进行分层对比研究,以期客观揭示金融抑制背景下连片特困地区金融发展的减贫增收效应及其特征,为相关部门制定差异化金融扶贫政策,推进金融精准扶贫提供经验证据和政策参考。

3.2 金融抑制与农民内部收入不平等: 一个理论解释

3.2.1 基本假设

为了刻画贫困地区金融抑制对农民内部收入分配的影响机制,我们以阿基翁和波顿(Aghion and Boiton,1997)的研究为基础,考虑一个由连续统一的个体组成的简单经济体。经济体总财富等于平均财富,标准化其测度为 1。假设经济中每个个体只生存一期,并拥有一个后代,所以经济中没有人口增长,家户的生存期限是无限的;经济中只有一种可储存的商品,既可用于消费也可用于投资;所有个体具有相同的能力和偏好,由于存在跨代遗赠,个体差异仅体现在其从上一代继承财富(即初始财富)的不同。

假设在时期 t,每个个体拥有初始财富 $k_{i,t}$ 和 1 个单位无弹性供给的劳动。个体通过供给资本和劳动获得收入 $y_{i,t}$;为最大化其效用,在 t 期末个体将收入的固定份额 α 用于储蓄 $b_{i,t}$，$1-\alpha$ 用于消费 $c_{i,t}$，其中 $\alpha\in(0，1)$。由于即期储蓄构成下一代人的初始财富，于是有 $k_{i,t+1}=b_{i,t}$。进一步假设个体生产函数为柯布—道格拉斯函数形式，且效应函数相同，即 $U^i(c_{i,t}，b_{i,t})=c_{i,t}^{1-\alpha}b_{i,t}^{\alpha}$，个体预算约束为 $y_{i,t}=b_{i,t}+c_{i,t}$。为简便起见，在不产生混淆的前提下，下文省略下标 i。

3.2.2 生产投资选择

在时期 t，假设经济中存在 A_1、A_2、A_3 三种生产投资选择：

A_1 为传统农业劳动。该生产只需要 1 个单位劳动投入，且产出很小。令其生产函数为 $Y_1=F(k=0，l=1)$。

A_2 为劳动密集型生产经营性投资。该生产投资需要 1 个单位资本投入和 1 个单位劳动投入。令其生产函数为 $Y_2=F(k=1，l=1)$。该生产投资的产出大于传统生产投资，即 $Y_2-Y_1>1$。

A_3 为资本密集型生产经营性投资。该技术需要 2 个单位资本投入和 1 个单位劳动投入。令其生产函数为 $Y_3=F(k=2，l=1)$。由于金融抑制、抵押担保品限制、信息不对称等原因，贫困地区大规模生产经营性投资需要政府或金融中介的保护或补贴才能进行，并获得正常利润。该项投资的产出大于 A_2。即 $Y_3-Y_2=\delta<1$。δ 表示政府或金融中介为其提供贷款的保护性利率，也可视为金融抑制条件下的利率管制上限。

在时期 t，假设个体财富分布可测，且其概率测度为 λ_t，进一步定义分布函数 $G_t(a)=\lambda_i(\lambda_i\in(-\infty，a))$。为了直观的考察财富分布的动态路径，参照阿基翁和波顿（Aghion and Bolton，1997）的研究，构建如下标准假设：

假说 1：在贫困地区经济发展的初始阶段，穷人的资本需求大于富人的资本供给，因此，经济体中总财富还不能满足所用个体的各项投资资金需求。即贫困地区经济发展初始阶段的总财富水平满足 $\int_0^{\infty}k\mathrm{d}_{G(k)}<1$。

假说 2：由于贫困地区经济社会发展普遍落后，个体不能仅通过储蓄来实现财富的无限增长，即 $\alpha(Y_2 - Y_1) < 1$；同时假设贫困地区经济能够实现资本积累，即所有选择 A_2 的个体留给后代的财富必须高于他们自身的初始财富水平，即 $1 < \alpha Y_2$。综合以上得到：$\alpha(Y_2 - Y_1) < 1 < \alpha Y_2$。

3.2.3 静态均衡

若金融市场完善，信贷供给充分，市场完全开放、竞争，政府或金融中介将不为选择 A_3 的个体提供保护。基于自身利益出发，个体只会在 A_1 和 A_2 中做出选择。假设经济的均衡利率为 r。当 $Y_2 - r \leq Y_1$ 时，富裕的个体（$k_i \geq 1$）和不富裕的个体（$k_i < 1$）都将选择 A_1，其获得的回报为 $R_t = Y_1 + rk_t$。当 $Y_2 - r \geq Y_1$ 时，富裕的个体（$k_i \geq 1$）和不富裕的个体（$k_i < 1$）都会选择 A_2，其获得的回报为：$R_t = Y_2 + r(k_t - 1)$。① 因此，在完备市场中，不同个体选择 A_1 或 A_2 的回报都是相等的，不受初始财富水平的影响，即个体在投资生产决策选择上机会均等。这时，资本市场的静态均衡由均衡利率 r 决定：

$$当 \int_0^\infty k \mathrm{d}_{G(k)} < 1 \text{ 时，} r = Y_2 - Y_1；当 \int_0^\infty k \mathrm{d}_{G(k)} \geq 1 \text{ 时，} r = 1 \quad (3.1)$$

现实中，我国贫困地区大部分处于县域农村地区，金融市场并不完善，金融抑制和信息不对称普遍存在，信贷配给严重。在保证自身预算平衡的前提下，金融中介往往以低利率放贷给选择 A_3 的个体的同时，以高利率放贷给选择 A_2 的个体。不妨假设存款利率为 r，若个体贷款投资于 A_2，则其需要支付的利率为 $i = \eta r(\eta > 1)$；若个体贷款投资于 A_3，则金融中介以利率 δ 为其提供 1 个单位低息资本，其余所需资本由个体通过市场获得。在这种情况下，由于利率上限的存在，所有偏好 A_2 的个体都希望选择 A_3。但由于金融抑制，金融资源供给有限，金融中介需要有选择性地针对选择 A_3 的个体放贷。基于抵押担保等各方面因素，金融中介更倾向于选择最富有的个体进行投资。因此，富裕的个体可以选择 A_2 或 A_3 进行投资。

① 当 $Y_2 - r \geq Y_1$，相对富裕的个体选择劳动密集型技术的回报为 $Y_2 + r(k_t - 1)$，相对贫穷的个体选择劳动密集型技术的回报为 $Y_2 - r(1 - k_t) = Y_2 + r(k_t - 1)$，其最终形式是一致的。

其不同选择的回报由式（3.2）给出：

$$R_t = \begin{cases} Y_2 + r(k_t - 1) = Y_3 + r(k_t - 1) - \delta, & \text{若 } Y_2 - r \geqslant Y_1 \\ Y_1 + rk_t, & \text{若 } Y_2 - r \leqslant Y_1 \end{cases} \quad (3.2)$$

相对贫穷的个体由于自有资金限制和金融市场信贷配给，其不同选择的回报由式（3.3）给出：

$$R_t = \begin{cases} Y_2 - \eta r(1 - k_t) = Y_3 - \eta r(1 - k_t) - \delta, & \text{若 } (Y_2 - \eta r) + (\eta - 1)rk_t \geqslant Y_1 \\ Y_1 - rk_t, & \text{若 } (Y_2 - \eta r) + (\eta - 1)rk_t \leqslant Y_1 \end{cases}$$

$$(3.3)$$

式（3.2）、式（3.3）中的上半部分均表示个体选择 A_2 或 A_3 的回报，下半部分均表示选择 A_1 的回报。

在金融抑制条件下，个体选择哪一种技术取决于均衡利率水平。基于式（3.3），我们令 $\underline{k} = \dfrac{Y_1 - Y_2 + \eta r}{(\eta - 1)r}$，于是，当个体财富水平 $k_t \in [0, \underline{k})$ 时，该个体的最优选择是 A_1。当个体财富水平 $k_t \in [\bar{k} \in , \infty)$，假设其选择 A_3，其中 $\bar{k}$ 取决于如下预算约束：

$$(\eta - 1)r\left[\int_{\underline{k}}^{1}(1 - k)\,\mathrm{d}_{G(k)}\right] = [1 - G(\bar{k})](r - \delta) \quad (3.4)$$

将式（3.4）化简变形，得到：

$$G(\bar{k}) = 1 - \frac{(\eta - 1)r\left[\int_{\underline{k}}^{1}(1 - k)\,\mathrm{d}_{G(k)}\right]}{r - \delta} \quad (3.5)$$

由此可见，经济体中最穷的个体（$k_t \in [0, \underline{k})$）将选择 A_1 并向市场提供资本（保值储蓄）；中间阶层（$k_t \in (\underline{k}, 1)$）将选择 A_2 或 A_3 并从金融机构获得资本（贷款）；富人（$k_t \in (1, \infty)$）将选择 A_2 或 A_3，并向市场提供资本。而不论是选择 A_3 的富人还是中间阶层，都将获得金融中介 1 单位的补贴性（低息）贷款。

3.2.3.1 市场均衡

由于均衡利率 r 由资本供给与需求决定，我们考虑 $r > 1$ 和 $r = 1$ 的情形。当 $r > 1$ 时，资本市场出清条件决定了均衡利率：

$$\int_0^{\underline{k}} k \mathrm{d}_{G(k)} + \int_0^{\infty} (k-1) \mathrm{d}_{G(k)} - \left[1 - G(\bar{k}) \right] = \int_{\underline{k}}^1 (1-k) \mathrm{d}_{G(k)}$$

$$(3.6)$$

令经济中总财富为 w，则通过式（3.6）计算得到简化的市场出清条件为：

$$w = \left[1 - G(\underline{k}) \right] + \left[1 - G(\bar{k}) \right] \qquad (3.7)$$

基于式（3.7），当经济体中的资本足够多，使对于任何 $r > 1$ 均有资本供大于求时，经济的均衡利率为 $r = 1$。而当 $r \leqslant Y_2 - Y_1$ 时，意味着所有个体都选择 A_1 并向市场提供资本，资本市场将供大于求，市场不能达到均衡。当 $r \geqslant \dfrac{Y_2 - Y_1}{\eta}$ 时，意味着所有个体都将选择 A_2 并从市场获得资本，资本市场将供小于求，市场也不能达到均衡。因此，金融抑制条件下市场均衡利率为：

$$r = 1 \text{ 或者} \frac{Y_2 - Y_1}{\eta} \leqslant r \leqslant Y_2 - Y_1 \qquad (3.8)$$

式（3.8）表明，在金融抑制条件下，农村居民的存款利率 r 将低于完备市场的均衡利率 $Y_2 - Y_1$。即存款利率被压低。穷人作为资本的供给者（存款者），其资本回报仅为非常低的储蓄利息收入，这种低廉的资本价格被用于补贴使用资本密集型技术的个体或企业家。压低利率某种程度上形成了一种穷人补贴富人、居民补贴企业的"穷帮富"的财富分配机制。其最终结果就是导致居民财富不断向中间阶层或作为企业家的富人个体转移，造成农民内部收入分配差距进一步拉大。

3.2.3.2　个体财富的动态转移路径与稳态

在贫困地区金融抑制和信贷配给条件下，富人（$k_t \in (1, \infty)$）、中间阶层（$k_t \in (\underline{k}, 1)$）和穷人（$k_t \in [0, \underline{k})$）三类个体财富的动态路径如式（3.9）所示：

$$k_{t+1} = b_t \begin{cases} \alpha\left[Y_2 + r(k_t - 1)\right] = \alpha\left[Y_3 + r(k_t - 2) + (r - \delta)\right], & k_t \in (1, \infty) \\ \alpha\left[Y_2 + \eta r(k_t - 1)\right] = \alpha\left[Y_3 + \eta r(k_t - 1) - \delta\right], & k_t \in (\underline{k}, 1) \\ \alpha\left[Y_1 + r k_t\right], & k_t \in [0, \underline{k}) \end{cases}$$

$$(3.9)$$

求解式（3.9）即可得到不同类型个体最终财富的稳态或转移路径。限于篇幅，本书省去具体的推导过程，做出相图（如图 3.1 所示）来具体分析不同个体财富的动态转移路径。

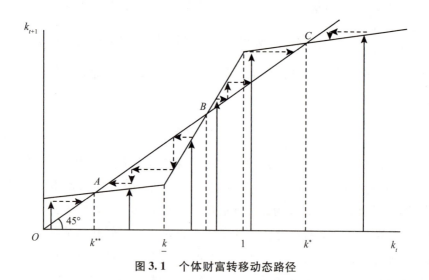

图 3.1　个体财富转移动态路径

图 3.1 中 A、C 两点是均衡点，A 点表示的稳态财富水平为 $k^{**} = \dfrac{\alpha Y_1}{1 - \alpha r}$，$C$ 点表示的稳态财富水平为 $k^* = \dfrac{\alpha(Y_2 - r)}{1 - \alpha r}$ 或 $k^* = \dfrac{\alpha(Y_3 - r - \delta)}{1 - \alpha r}$。$B$ 点是非均衡点，而其他的点都不是稳态的。在 $k_t \in [0, \underline{k})$ 的区间内（穷人），财富水平将向均衡点 A 收敛；在 $k_t \in (\underline{k}, 1)$ 的区间内（中间阶层），由于所有的点都不是稳态的，财富水平将以 B 点为界，分别向右上方向和左下方向运动；在 $k_t \in (1, \infty)$ 的区间内（富人），财富水平将向均衡点 C 点收敛。这一现象说明，由于贫困地区金融抑制和信贷配给的存在，穷人只能选择使用传统劳动并滞留于传统部门，并面临更低的存款利率和更高

的贷款利率，其财富增长更慢，甚至陷入贫困陷阱。富人由于能够选择生产经营性投资，并面临更低的贷款利率和更高的存款利率，其财富增长更快，并将永远远远高于穷人。由于贫困地区金融市场中穷人和富人的"机会不平等"，导致农民内部收入分配不平等长期存在，并形成"两极分化"的态势。金融抑制程度越深，信贷配给程度越强时，农村内部收入分配差距将越大。

连片特困地区作为我国县域农村金融抑制的"重灾区"，其金融抑制对农民内部收入差距的影响是怎样的呢，下面进行经验验证。

3.3 模型与变量

3.3.1 工具变量面板分位数回归方法

分位数回归方法（QR）最早由科恩克和巴塞特（Koenker and Bassett，1978）提出。相对于传统均值回归方法，分位数回归针对响应变量的条件分位函数进行统计推断，通过使加权误差绝对值之和最小得到参数估计，并且自身不要求很强的分布假设，因而在扰动项非正态的情况下估计将更加稳健和有效。同时由于分位数回归能够在任意分位点全面刻画响应变量的条件分布特征，因此是对传统均值回归模型的一种有益拓展和改进。哈定和拉马克（Harding and Lamarche，2009）进一步提出了面板分位数回归模型的工具变量估计方法，该方法不仅可以控制个体异质性、具有更大的变异、更多的信息，还可以解决面板数据回归中变量之间存在的内生性和共线性问题。本书采用工具变量面板分位数回归方法来分析连片地区金融抑制对农民内部收入影响的分层差异。模型基本形式为：

$$y_{it} = d'_{it}\delta + x'_{it}\beta + a_j + \mu_{it} \tag{3.10}$$

$$d_{it} = h(x_{it}, w_{it}, v_{it}) \tag{3.11}$$

$$a_j = g(x_{i1}, \cdots, x_{iT}, d_{i1}, \cdots, d_{iT}, \sigma_i) \tag{3.12}$$

式（3.10）是经典面板数据模型，其中，y_{it} 是个体 i 在时刻 t 的因变量。d_{it} 是内生变量向量，x_{it} 是第 i 个个体在时刻 t 的外生解释变量向量，μ_{it} 是随机误差项。式（3.11）中 w_{it} 为工具变量，且 w_{it} 分别与 d_{it}、v_{it} 相关，但与 μ_{it} 是随机独立的。式（3.12）描述了变量与个体效应相关的典型情况。σ_i 被假定与 μ_{it} 随机独立。于是，式（3.10）~式（3.12）可以转变成如下随机系数模型：

$$y_{it} = d_{it}'\delta(\mu_{it}) + x_{it}'\beta(\mu_{it}) + z_{it}'a_i(\mu_{it}) \tag{3.13}$$

$$\tau \longmapsto d_{it}'\delta(\tau) + x_{it}'\beta(\tau) + z_{it}'a_i(\tau) \tag{3.14}$$

其中，z_{it}' 是个体效用 a_i 的指示变量，$\mu(\cdot)$ 服从均匀分布，τ 是分位数，$\tau \in (0,1)$。条件工具变量分位数回归的参数估计借助于求解下列目标函数的最小化问题：

$$\{\hat{\beta}(\tau,\delta), \hat{\gamma}(\tau,\delta), \hat{a}(\tau,\delta)\}$$

$$= \arg\min_{\beta,\gamma,a} R(\tau,\delta,\beta,\gamma,a)$$

$$= \arg\min_{\beta,\gamma,a} \sum_{i=1}^{N} \sum_{t=1}^{T} \rho_\tau(y_{it} - d_{it}\delta - x_{it}'\beta - z_{it}'a - \hat{w}_{it}'\gamma) \tag{3.15}$$

其中，$\rho_\tau(u) = u[\tau - I(u \leq 0)] = \tau u I_{[0,\infty)}(u) - (1-\tau)u I_{(-\infty,0)}(u)$ 为损失函数。$\hat{w}$ 是内生变量 d 的工具变量 w 的最小二乘规划。

3.3.2 变量与数据

3.3.2.1 变量的选取

农民收入（*inco*）：采用农民人均纯收入的对数作为被解释变量。金融抑制（*fina*）：一般而言，信贷水平的高低能够间接地反映金融抑制程度，金融抑制程度将随着借贷水平的提高而缓减，根据王小华等（2014）的研究，采用县域金融机构年末贷款余额与县域 GDP 的比值作为县域金融抑制的替代变量，也是本书的核心解释变量。为了控制其他因素的影响，根据已有研究的普遍做法，进一步选取如下控制变量。政府干预（*gove*）：采用县域财政支出与县域 GDP 的比值来表示；固定资产投资（*capi*）：采用县域固定资产投资总额与县域总人口比值（即县域人均固定资产投资总额）的对数表示；产业结构（*indu*）：采用第一产业增加值与县域 GDP 的比重表示；人口密度（*popu*）：采用县域总人口与县域行政区域总面积的比值表示（单位：百人/每平方公里）。

3.3.2.2 数据来源

本章以武陵山区为例来研究连片特困地区金融抑制对农民内部收入分配影响的异质性。武陵山区共包括湖南、湖北、贵州、重庆 4 个省域的 71 个县域，其中湖南 37 个、湖北 11 个、贵州 16 个，重庆 7 个。因此，本研究的数据主要来源于 2001～2015 年《湖南统计年鉴》《湖北统计年鉴》《贵州统计年鉴》《重庆统计年鉴》中各县（市、区）主要经济和社会统计指标以及《中国县域统计年鉴》相关各年的相关统计数据，个别缺失的数据采用插值法补齐。由于碧江区、武陵源区、永定区、黔江区、鹤城区 4 个地区大部分指标数据缺失，研究样本剔除了上述 4 个地区的数据。故实证研究实际上包含武陵山区 66 个县域面板数据，具有很好的代表性。相关变量的描述性统计如表 3.1 所示。

表 3.1 分位数回归指标数据的描述性统计

变量名称	符号	样本	平均值	标准差	方差	偏度	峰度	最小值	最大值
农民收入	*inco*	990	7.864	0.538	0.289	0.423	2.310	6.943	9.736
金融抑制	*fina*	990	0.530	0.283	0.080	2.492	3.413	0.044	2.723
政府干预	*gove*	990	0.237	0.121	0.015	1.055	3.776	0.002	0.968
产业结构	*indu*	990	0.636	0.136	0.019	1.441	2.996	0.109	0.796
固定资产投资	*capi*	990	7.503	1.559	2.431	-0.214	2.300	2.642	11.232
人口密度	*popu*	990	6.576	2.795	7.809	0.701	3.855	0.889	15.337

3.4 基于面板分位数回归模型的实证分析

为了克服变量之间可能存在的内生性和异质性等问题，本研究采用工具变量面板分位数回归模型（PIVQR）来全面分析连片特困地区金融发展对农民内部收入分配的影响。同时，作为 PIVQR 模型估计的参照，我们也计算了固定效应回归（FE）和面板分位数回归（PQR）模型的估计结果。分位数回归中，选择 10%、25%、50%、75%、90% 等 5 个具有代表性的分位点，分别代表最低收入组、中低收入组、中等收入组、中高收入组和最高收入组，旨在揭示当前连片特困地区农民自身积累和外源融资能力对不同收入水平农民收入影响的异质性。表 3.2 是采用 Stata 12.0 计算得到的 FE 和 PQR 的估计结果。表 3.3 是 PIVQR 的估计结果，由于 Stata 12.0 目前没有针对 PIVQR 模型的命令，本研究通过 R 软件计算得到。

表 3.2 　　　　　　　固定效应模型和面板分位数回归模型估计结果

变量	FE	PQR				
		0.1	0.25	0.5	0.75	0.9
fina	−0.021 (0.078)	−0.171 *** (0.048)	−0.113 *** (0.038)	−0.172 *** (0.032)	−0.153 ** (0.075)	0.120 * (0.067)
gove	1.749 *** (0.260)	0.325 *** (0.093)	0.387 *** (0.082)	0.191 (0.121)	−0.198 * (0.123)	−0.219 ** (0.099)
indu	−0.006 (0.059)	−0.314 ** (0.157)	−0.0131 (0.068)	−0.195 ** (0.109)	−0.168 (0.218)	−0.179 (0.165)
capi	0.223 *** (0.017)	0.263 *** (0.017)	0.285 *** (0.014)	0.299 *** (0.011)	0.307 *** (0.013)	0.302 *** (0.013)
popu	0.073 (0.080)	0.008 (0.007)	0.012 ** (0.004)	0.007 * (0.004)	−0.002 (0.005)	−0.007 (0.005)
常数项	5.310 *** (0.527)	5.698 *** (0.245)	5.419 *** (0.121)	5.708 *** (0.149)	6.009 *** (0.197)	6.133 *** (0.188)

注：***、** 和 * 分别表示在 1%、5% 和 10% 的水平上显著。括号内为参数估计的标准误。

表 3.3　　　　　　　**工具变量面板分位数回归（PIVQR）估计结果**

变量	FE	PIVQR				
		0.1	0.25	0.5	0.75	0.9
fina	− 0.021	− 0.079 ***	− 0.070	− 0.041	0.178 **	0.217 ***
	(0.078)	(0.027)	(0.110)	(0.096)	(0.080)	(0.130)
gove	1.749 ***	1.422 ***	1.471 ***	1.789 ***	1.916	1.957 ***
	(0.260)	(0.212)	(0.209)	(0.181)	(0.215)	(0.231)
indu	− 0.006	− 0.206	− 0.037	− 0.020	− 0.059	− 0.057
	(0.059)	(0.139)	(0.148)	(0.038)	(0.041)	(0.040)
capi	0.223 ***	0.229 ***	0.239 ***	0.232 ***	0.229 ***	0.232 ***
	(0.017)	(0.020)	(0.021)	(0.014)	(0.013)	(0.012)
popu	0.073	0.082	0.165 **	0.095 **	− 0.060	− 0.022
	(0.080)	(0.110)	(0.075)	(0.042)	(0.061)	(0.058)
常数项	5.310 ***	5.280 ***	4.621 ***	5.098 ***	5.332 ***	5.955 ***
	(0.527)	(0.750)	(0.475)	(0.299)	(0.395)	(0.479)

注：***、**、*分别表示在 1%、5%、10% 的水平上显著。括号内为参数估计的标准误。

从表 3.2 和表 3.3 可知，FE 模型核心解释变量 *fina* 的估计系数为负值但不显著。这一结果的经济意义在于：在县域金融抑制对各个收入层次的农民的收入效应相同的假设下，县域金融对所有农民收入的平均影响是负向的，但不显著。由于 FE 模型回归的参数是自变量对因变量条件期望的边际效果，其分解得出的结果只能描述"平均"的概念，无法考虑不同收入分布区间上金融发展对农民收入影响的异质性。而 PQR 模型和 PIVQR 模型正好能够弥补这一不足。PIVQR 模型估计中我们采用核心解释变量金融抑制的一阶滞后项作为其工具变量。在 PQR 模型与 PIVQR 模型有效性的选择上，若所有解释变量都是外生的，则 PQR 模型比 PIVQR 模型更有效；若存在内生变量，则 PIVQR 模型估计更有效。为此，我们进行了 2SLS 回归（使用稳健标准误）以及过度识别检验。检验结果显示 Prob < chi2 = 69.5303。表明模型存在内生性，因此 PIVQR 模型估计结果要优于 PQR 模型估计结果。从 PQR 模型和 PIVQR 模型估计结果的比较可知，两种方法虽然 *fina* 系数估计的符号整体上差异不大（仅在 0.75 分位点上相反），但是

PQR 模型 *fina* 系数估计的绝对值在 0.5 分位点以下都要明显大于 PIVQR 模型估计，在 0.75 分位点以上都要小于 PIVQR 模型估计。进一步比较其他控制变量的估计系数发现，两种方法估计得到的相关系数的符号同样差异不大，但 PQR 模型系数估计的绝对值要普遍高于 PIVQR 模型的估计。表明忽视内生性将导致估计结果产生偏误。下面，我们主要就 PIVQR 模型的估计结果进行分析。

PIVQR 模型估计结果显示：县域金融抑制的估计系数在 0.90 分位点、0.75 分位点正向显著，在 0.25 分位点和 0.5 分位点上负向不显著，在 0.1 分位点上负向显著。表明金融抑制对不同收入层次农民收入的影响存在显著差异。原因是不同收入层次的农民面临资本约束的性质、程度存在差异。根据王定祥等（2011）的研究，贫困程度越严重的农户，普遍具有较高的信贷需求，但是其从正规金融机构获得信贷的可能性极低。本研究 0.1 分位点所代表的最低收入层次农民群体，其资本自生能力与外源融资能力都非常有限，受到的金融抑制程度最大。意味着金融抑制进一步拉低了最低收入层次农民的收入增长。对于中等（0.5 分位点）和中低（0.25 分位点）收入层次的农民，其资本的自生能力和外部获取能力尽管相对最低收入层次的农民要好，但鉴于此类农民群体的信贷需求主要是以生活性信贷为主，其正规信贷需求往往被强制性抑制下来，或者转移到对民间借贷的需求之上（王定详等，2011），所以在正规信贷约束缓解（农户信贷水平提升）的情况下，金融抑制对此类农民群体收入影响的弹性系数为负且不显著。对于中高（0.75 分位点）和最高（0.9 分位点）收入层次农民群体，其自身一定程度的资本积累使得其外源融资能力得到进一步增强，由于家庭人均收入越高的农户对正规融资渠道的偏好就越强（马晓青等，2012），因此，在金融抑制放松（农户信贷水平提升）的情况下，中高、最高收入农民群体外源资金可获性的提高以及资金投入产出的回报将促使其自身收入得到进一步增长。进一步对比这两个分位点的估计系数，在其他条件不变的情况下，最高收入层次农民收入增长的弹性要大于中高收入农村群体收入增长弹性。表明金融抑制程度放松对最高收入农民群体收入增长的促进作用最强。

综上所述，金融抑制情况下，连片特困地区中高以上收入层次农民所受到的金融抑制程度较小，其融资需求基本上能够从正规金融机构得到满足，其资本的可获性以及资本的投入产出效益必然会大幅促进其自身收入增长。而金融抑制下的信贷配给在促进高收入层次农民收入增长的同时，也间接提高了处于最低收入层次农民增收的机会成本。最低收入农民阶层在自有资金难以维持自身生产和生活需要的情况下，也难以获得外源性正规金融融资，其所受到的金融抑制程度最大，金融发展带来的好处他们无法惠及，因而金融抑制显著阻碍了此类群体收入的增长。就中低收入层次和中等收入层次农民群体而言，其受到的金融抑制程度虽然比最低收入层次农民群体要好，但在其资本的自生能力和外源性融资能力依然有限的情况下，面对较高的贷款利率与还贷压力，他们即使有扩大再生产的强烈需求、良好的投资前景与相当高成功的概率，也因其难以从正规金融机构获得信贷满足而通过此渠道获得增收。即使部分群体自身存在少量结余，往往也只能成为贫困地区廉价储蓄的供给者。这一结果与王小华（2014）的研究结果具有一致性，也有效地支持了第 3.2 节的理论分析。事实上，连片特困地区一直是我国金融抑制的重灾区，县域金融资源的分配明显地倾向于富有农民阶层，尽管中低收入农民具有比较强烈的资金需求，但他们普遍面临着严重的信贷约束和信贷配给。金融资源偏向富农某种程度上来说是资金持有者的理性选择，但是它在促进富农更富的同时也进一步造成贫农、富农收入增长"两级分化"的严峻局面。为了直观的描述县域金融抑制对于不同收入层次农户的增收效应，我们在数值上分别计算金融抑制情况下较低收入阶层（0.1 分位点和 0.25 分位点）和较高收入阶层（0.75 分位点和 0.9 分位点）农民信贷产出弹性的算术平均值。在其他条件不变的情况下，较低收入层次农民信贷产出弹性的平均值为 −0.075，较高收入层次农民信贷产出弹性的平均值为 0.198。意味着连片特困地区金融抑制程度每降低 1%，将导致较低收入层次农民的收入平均下降 1.113%，较高收入层次农民的收入平均增长 2.937%。因此，金融抑制进一步拉大了连片特困地区农民内部收入差距。

从其他控制变量来看，政府财政支出和固定资产投资对于不同收入水平农民收入的影响都是正的。其中政府财政支出对农民收入增长的促进效应基本上随着农民自身富裕程度的增加而增加。表明贫困地区不同收入层次的农民基本都可以从政府财政支出中获得增收，并且对于高收入层次农民的增收效应更加明显。意味着我国连片特困地区政府财政支出已经开始真正地转向民生工程。固定资产投资对不同收入水平农民收入增长的促进效应都非常显著，且大体上差异不大，系数基本上稳定在 0.230 左右。表明连片特困地区固定资产投资有效地促进了资本形成和农民增收。产业结构对不同收入水平农民收入的影响都是负的，但是均不显著。这可能与本研究的变量选择有关。表明第一产业占比增大对连片特困地区农民收入增长的促进作用还未能有效显现。人口密度整体上抑制了中高、最高收入层次农民的收入增长，但显著促进了中低、中等收入层次农民的收入增长。表明对中高以上收入水平层次的农民群体而言，仅仅依靠传统劳动投入将不足以促进其收入增长，而对于中低以下收入水平层次的农民群体而言，其收入增长主要还是依靠劳动投入。这一结论也与第3.2节的理论分析相吻合。

3.5　结论与启示

本章构建了贫困地区金融抑制对农民内部收入影响的理论模型，从理论上阐述了贫困地区金融抑制对农民内部收入影响的机制。在此基础上，采用工具变量面板分位数回归模型和 2000～2014 年武陵山区 66 个县域的面板数据就连片特困地区金融抑制对不同收入水平农民收入的影响进行了实证分析。理论研究结果表明：贫困地区金融抑制造成金融市场上穷人和富人生产投资机会选择的不平等，从而导致穷人财富增长更慢，富人财富增长更快。因而在连片特困地区金融抑制背景下，农民内部收入不平等将长期存在，并形成"两极分化"态势。基于武陵山区的实证分析表明：金融抑制对不同收入水平农民收入的影响存在很大差异。金融抑制程度缓解有利于促进较高收入层次农民的收入增长，并且对最高收入层次农民增收的促进作用最强，但无益于较低收入层次农民的收入增长。金融抑制进一步加剧了连片特困地区农民内部收入不平等程度。

本章采用的 PIVQR 模型比较准确的描述了连片特困地区金融抑制对于不同收入层次农民收入的影响效应，并证实了异质性的存在，同时也为我国连片特困地区金融抑制和信贷配给提供了新的证据。因而具有丰富的政策含义：金融扶贫对于连片特困地区农民增收和反贫困进程具有不可替代的作用，短期内所显示的金融抑制造成连片特困地区农民内部收入分配差距扩大的现象是客观的，也是必然的。但是致力于缩小金融抑制所带来的农民内部收入分配差距也是连片特困地区金融发展战略当前和今后相当长时期内迫切需要解决的重要问题。总体而言，建立一个及时、有效、普惠、竞争的县域农村金融市场，形成县域农村金融体系的多元化格局无疑将能更好地满足连片特困地区不同收入层次农户的融资需求，提高中、低收入农民的信贷满足程度。而大力发展小额信贷、微型金融等适合贫困农户信贷特点的金融供给形式对于增加连片特困地区低收入层次农民收入，缩小农民内部收入差距是有利的。因此，有必要尽快理顺连片特困地区金融资源的分配机制，优化分配效率，针对连片特困地区低端信贷市场的特征进行更加深入的金融创新，使得低收入群体潜在的信贷需求能够得到有效的瞄准、识别和满足，促进低收入农民群体快速稳步增收。同时要注重培育连片特困地区良好的金融生态，稳步放宽村镇银行、社区银行等新型微型金融机构的准入门槛，积极引导新型微型金融机构发展。此外，应充分发挥政府财政支出对不同收入层次农民的增收效应，全面整合财政、金融扶贫两股力量，促进财政扶贫与金融扶贫的良性互动，确保财政、金融资源的协调配置，从整体上提高连片特困地区资金配置效率。最后，在新的贫困形势和精准扶贫背景下，基于连片特困地区在地理空间上的"跨域"性，探索和推行金融扶贫跨域协调机制，构建连片特困地区金融跨域协作扶贫机制，进而形成金融扶贫协作联动一体化运行机制，也应尽快进入决策层的决策视野并提上解决日程。

第 4 章

农村小额信贷的多维减贫效应分析

本章以农村金融中的小额信贷为例，基于我国 30 省份 1999～2016 年的面板数据（不包括西藏和港、澳、台地区，下同），采用 PSTR 模型研究我国农村小额信贷的多维减贫效应及其特征。研究发现：第一，小额信贷发展的多维减贫效应显著，并且在不同的发展水平上，其对农村多维贫困的影响存在显著差异，呈现门槛特征。第二，小额信贷在自身发展较高水平区间不仅能有效促进农民收入增长，而且对收入分配的改善效应也更强；小额信贷能促进农村教育福利的改善，并且在自身发展水平较高区间对教育福利的改善效应更强；对应于门槛值前后，小额信贷对农村医疗福利的改善效应由抑制转变为促进；但均无益于农村居民生活条件的改善。第三，农村小额信贷减贫效应的地区差异显著，北京、上海、山西、广东、天津是小额信贷多维减贫效应最为显著的地区，而江西、广西、海南、新疆农村小额信贷的多维减贫效应还有很大的提升空间。

4.1　引言与文献综述

4.1.1　引言

缓解和消除农村贫困是中国政府的长期奋斗目标，也是构建社会主义和谐社会的重要途径。经过 40 多年的扶贫开发与努力，我国取得了农村反贫困的辉煌成绩。但近年来随着农村扶贫攻坚的深入推进，扶贫难度加大速度趋缓，脱贫与返贫现象相互交织，相对贫困问题日益严重，使得反贫困依然是未来中国农村面临的严峻挑战。我国政府历来将农村金融作为缓减农村贫困的主要力量和基本政策工具。近年来，针对农村信贷需求"频高""量小"的特点，构建和完善农村金融服务体系的思路逐渐从"存量调整"转向"增量培育"，而"增量培育"的主要表现就是多种小额信贷机构的不断涌现。作为一种新型金融扶贫模式和资源配置方式，小额信贷受到了前所未有的关注和重视。在农村"反贫困"难题尚未化解并严重制约城乡协调发展的民生新时代，研究小额信贷在农村贫困缓减中的作用及其特征显然具有重要的现实意义。

4.1.2　文献综述

小额信贷作为一种专门向农村中低收入群体提供金融服务的特殊的金融制度安排，为很多国家扶贫战略目标的实现做出了重要贡献，各国学者也从不同角度就小额信贷缓减贫困的作用机制及其效应进行了深入探讨。

古里（Gulli，1998）系统分析了小额信贷促进贫困缓减的机制。研究认为小额信贷主要通过促进投资、改善生存条件、避免收入波动、构建社会资本和提高生活质量四种途径促进贫困缓减。巴赫蒂亚里（Bakhtiari，2006）结合孟加拉国的格莱珉银行、泰国的 BAAC 以及印度的 SHARE 等小额信贷机构的反贫困实践，研究认为小额信贷等微型金融机构一方面通过平滑穷人的消费、提高穷人规避风险的能力、帮助穷人构筑资产和发展微型企业等直接途径提高穷人的创收能力，并改善他们的生活质量；另一方面通过改善资源配置效率、培育市场环境以及加速新技术的使用等方式促进经济增长进而间接促进贫困减少。马哈贾宾（Mahjabeen，2008）研究认为小额信贷实际上是通过鼓励和培养非正规部门的发展、提升所服务家庭成员的自尊心、社会地位和增加自我激励来减少贫困。马拉多纳多和冈萨雷斯（Maladonado and Gonzalez，2008）、古铁雷斯等（Gutierrez et al.，2009）、鲁昂（Rooyen，2012）等学者从社会效应的角度研究了小额信贷等微型金融服务对农村地区教育贫困的影响，研究认为小额信贷主要通过收入效应（小额信贷服务带来的家庭收入的增长将会刺激积极教育需求）、风险管理效应（小额信贷可以改善家庭通过减少储蓄、变卖财产、让小孩辍学等方式来平滑消费等危机处理能力，势必将对教育需求产生正面影响）、性别效应（女性对孩子的教育有更强的偏好）、信息效应（小额贷款的获取将会改变人们对机会的理解和对收益的认知，继而影响到他们的教育决策）和儿童劳动力的需求效应（信贷约束和经济不稳定会迫使家庭牺牲子女的受教育机会来弥补当前极低的现金流）六大途径对教育贫困产生影响。国内学者张立军和湛泳（2016）从农村金融发展的微观视角探讨了农村小额信贷减贫的反锁定效应，认为小额信贷主要通过产业反锁定、技术反锁定和结构反锁定三条途径克服农民增产不增收的窘境，促进农村贫困缓减。黄建新（2008）分析了非正规金融之于农村反贫困的作用机制与制度安排，认为一方面农村非正规金融的存在和发展缓解了农村中小企业融资需求，促进了中小企业的发展，而中小企业的快速发展将在促进农村剩余劳动力转移的同时促进农村经济的发展，前者将直接增加贫困人群的就业机会并帮助他们获得收入，后者也将通过经济增长的"滴流效应"使穷人获益。因此，农村非正规金融发展不论是用于生产经营活动还是非生产经营活动，都可以改善农户特别是贫困农户或低收入农户的经济状况。

理论研究充分肯定了小额信贷在人类反贫困斗争中的积极作用，部分学者也从经验研究的角度给予了验证。伯吉斯和潘德（Burgess and Pande，2004）运用印度1977~1990年农村基层农业信贷协会的数据，检验了穷人直接参与金融活动对农村贫困的影响。结果显示，基层银行机构在农村设立的数量每增加1%，农村贫困发生率将降低0.34%。科普斯塔克等（Copestake et al.，2005）分析了秘鲁乡村银行发展对贫困减少的影响，研究发现微型金融对贫困家庭收入的影响是正向显著的。利物浦和温特（Liverpool and Winter，2010）研究了埃塞俄比亚农村地区小额信贷的影响效应，研究发现参与小额信贷项目的农户的消费会随之增长，同时小额信贷也能促进其他家庭消费和资产的增长，不过在数量上存在差异。今井（Imai，2012）考察了印度微型金融与居民家庭贫困缓减之间的关系，研究发现微型金融机构提供的生产性贷款基于收入等多维指标均表现为显著的正向效应，且这种正向效应在农村要明显大于城市。国内学者的研究也发现，小额信贷在增加农民收入、提高生活消费和教育水平、缓解农户正规信贷配给、扶持农村养殖业发展以及促进农民民生脆弱性的改善等方面发挥了诸多积极效应。尽管如此，也有学者指出，小额信贷只有在与更多的途径相结合并瞄准贫困群体有效运行时，才能成为反贫困的有力工具。如在部分地区，小额信贷机构自身所产生的社会排斥使得极端贫困者很难参与微型金融项目，加之在贷款数量和还款期限上的限制，以及扶贫目标偏移问题，决定了参与者获得的回报是有限的，因而对贫困减少的作用也是有限的。

上述研究为我们深入分析小额信贷与贫困缓减的关系提供了重要参考，但仍存在如下局限性：第一，直接涉及小额信贷缓减农村贫困的效应及其特征的研究还比较少。大部分研究是根据小额信贷（或微型金融）对收入增长或经济增长的影响来推断小额信贷对贫困缓减的影响，这不能全面反映小额信贷对贫困的影响状态。因为贫困不仅仅表现为收入的不足，教育文化、医疗卫生、生活条件等其他维度福利享用的缺乏也是贫困的具体表现。单用小额信贷的经济绩效来替代小额信贷的反贫困绩效显得过于狭隘。第二，从研究方法上看，使用线性模型是众多实证研究的一个共同特征。而就我国区际、省际甚至省内农村金融发展水平都极不均衡的现实状况而言，在不同的发展阶段，农村小额信贷缓减贫困的效应存在差异具有很大的可能性。小额信贷与贫困缓减之间可能存在的这种非线性关系将使得线性模型在刻画两者之间关系的问题上变得不再适用。基于此，本研究拟采用 2000～2016 年的省级面板数据，在非线性框架下全面探讨农村小额信贷对农村经济（收入、分配）、社会（教育、医疗、生活条件）等多维贫困的影响效应及其门槛特征，以期为此方面的研究提供一种新的研究方法和研究思路。

4.2 农村小额信贷缓解多维贫困的机理分析

小额信贷通过放松抵押担保制约、缓解信息不对称、降低客户交易成本等手段为中低收入群体提供了平等地进入信贷市场的机会，进而为他们福利的改善带来了可能。为此本研究假设小额信贷缓解贫困的效应主要是通过改善信贷分配来实现的，这种影响主要体现在两个方面：一是小额信贷对参与者生产经营活动的影响；二是小额信贷对参与者福利分配的影响。

4.2.1 小额信贷与生产可能性边界

小额信贷对农业生产和非农经营参与者的贡献，主要是通过信贷投入与参与者的不同初始禀赋结合，通过影响参与者的生产可能性边界，进而对参与者福利产生影响。如图 4.1 所示，主要表现为 3 种类型：第一，获得小额信贷的参与者实现达到或者扩大其生产可能性边界。在这种情况下，由于缺乏资金，参与者的生产处于生产可能性边界之内（如 G 点），当技术不变时，参与者获得的小额信贷投入追加与原有资本、劳动相结合，实现生产规模的扩大，规模效应甚至规模经济将促进参与者到达生产可能性边界上（如 G 点→B 点）；当规模不变时，参与者获得的小额信贷投入追加与原有资本、劳动相结合，实现技术的改造与升级，由此带来的劳动、成本的节约以及自身竞争力的提升将使得参与者生产可能性边界向外移动（如 G 点→B 点→E 点），这时小额信贷是农村正规金融"缺位"的重要补充；当技术和规模都发生变化时，参与者获得的小额信贷投入追加与原有资本、劳动相结合，扩大已经从事的生产经营项目并对其进行技术改造，参与者经营生产的要素配置将实现由"低效率均衡"向"高效率均衡"的持续改进，进而实现生产可能性边界向外移动（如 G 点→B 点→E 点）。但是由于这一过程不仅包含规模扩大和新技术投入双层因素，并且也伴随着资本、土地等要素的集约，资金需求量大，小额信贷的制度安排，往往不适应于这样的参与者。第二，获得小额信贷的参与者，其生产可能性边界不变且仍在生产可能性边界上运行。这种情况下，技术和生产函数给定，劳动、技术等要素均不发生变化，小额信贷的作用只是补充参与者传统生产生活中暂时性投入的空缺，缓解参与者现金的流动性约束，表现的是"替代效应"，因为如果没有小额信贷，他们就需要从其他渠道借贷资金。小额信贷服务这样的参与者，或者为他们创造可持续发展的机会，或者使他们的情况保持原样而不出现恶化，通过为参与者节约交易成本而达到增加收入改善福利的目的。

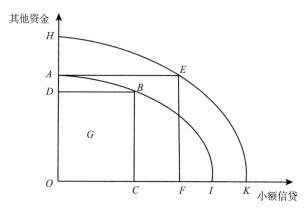

图 4.1　农村小额信贷对农户生产可能性边界的影响

4.2.2　小额信贷与农户福利分配

小额信贷对福利分配的影响，主要是通过信贷市场和劳动力市场来实现的。在农村金融市场不完善的条件下，对于具有不同初始禀赋的参与者，小额信贷要素发挥减贫作用的途径存在差异。首先，当信贷用于生产经营活动时，参与者初始禀赋水平决定了其获取信贷之后的投资决策、职业选择和资本积累，进而影响福利分配。一是投资决策与利润。小额信贷使被金融服务排斥的贫困者能够平等的进入信贷市场，其中的一部分人将贷款用于农业生产、家庭非农业经营等投资创收活动，获得利润进而带来自身其他福利的改善，使之与富人的福利差距缩小而促进贫困缓解。二是职业选择与工资。小额信贷能够增加参与者的自我就业选择和外出就业机会。如果部分极端贫困群体因初始禀赋和其他条件约束没有机会或者不愿意获得贷款，无法从事创业活动，而相对富裕群体凭借初始财富和信贷融资，成为雇主或者小型企业家，这时劳动力市场需求增加，这部分极端贫困群体为此选择成为雇用工人获取工资收入进而促进自身福利改善。但这种情况下，小额信贷是扩大抑或缩小福利分配差距则更多地取决于劳动力市场增加的是对高级技术雇用工人的需求还是低级技术雇用工人的需求。[①] 三是资本积累与租金。信贷参与者将贷款用于购置固定资产（如役畜、农用机械、房产）后用于出租获取租金收入，或者与劳动力结合提供有偿服务以获得报酬，以此推动自身财富积累和福利增加，福利分配状况无形中得到改善。其次，当信贷参与者将贷款用于子女教育、医疗保健、婚嫁、还账、消费等非生产性开支时，这些虽不直接创造利润，但是流动性约束的缓解可以改善他们之间收入和其他福利的分配。

从上述分析可以看出，小额信贷对贫困缓减的影响主要取决于福利增长效应和福利分配效应的共同作用。由于各参与者获得信贷之后的用途不同，由此带来的福利改善的具体表现形式也是多元的。因此，小额信贷缓减贫困的效应应该从多个方面来衡量。据此，我们提出本章的第一个假说：

假说1：小额信贷缓减贫困的效应是多维的，除促进参与者经济福利的改善外，对参与者社会福利的改善也是其减贫的一个重要方面。因此，小额信贷对农村收入、分配、教育、医疗和生活条件都具有不同程度的影响效应。

同时，由于不同时期小额信贷的覆盖广度、覆盖深度以及覆盖强度等方面存在差异，在小额信贷发展的不同水平区间，其对农村多维贫困缓减的效应很可能存在差异，据此，我们提出本章的第二个假说：

---

① 这里将极端贫困者纳入低级技术雇用工人范畴。

假说 2：小额信贷对农村贫困缓减的影响是非线性的，当小额信贷发展水平达到某一临界值时，其缓减农村贫困的效应将由某种低水平均衡向某种高水平均衡转变。

4.3 模型与指标

4.3.1 PSTR 模型

为了分析各地区农村小额信贷发展的减贫效应，本研究首先构建如下线性面板模型：

$$POV_{it} = \beta_{00}FIC_{it} + \sum_{j=1}^{n}\beta_{j0}COT_{j,it} + \varepsilon_{it} + \mu_i \qquad (4.1)$$

其中，POV_{it} 为 i 地区农村经济社会发展水平；FIC_{it} 为 i 地区农村小额信贷发展水平；$COT_{j,it}$ 为其他控制变量；μ_i 为地区间差异的非观测效应；ε_{it} 为随机扰动项。

由于式（4.1）直接忽略了不同发展水平下小额信贷对农村经济社会发展水平影响可能存在的差异，为考虑这种差异，本研究借鉴冈萨雷斯等（Gonázlez et al.，2005）、福库等（Fouquau et al.，2008）的研究，引入当前处理面板数据之间非线性关系的前沿方法——面板平滑转换（panel smooth transition regression，PSTR）模型，基于该模型的构建原理，进一步将式（4.1）扩展为非线性 PSTR 模型形式：

$$POV_{it} = \beta_{00}FIC_{it} + \sum_{j=1}^{n}\beta_{j0}COT_{j,it} + (\beta_{01}FIC_{it} + \sum_{j=1}^{n}\beta_{j1}COT_{j,it})$$
$$h_z(q_{it}; \gamma, c) + \varepsilon_{it} + \mu_i \qquad (4.2)$$

模型（4.2）中，解释变量的回归系数由线性部分 β_{j0} 和非线性部分 $\beta_{j1} \cdot h_z(q_{it}; \gamma, c)$ 共同组成。其中，$h_z(q_{it}; \gamma, c)$ 为转换函数，是关于可观测状态转换变量 q_{it} 的取值在 0~1 之间的连续有界函数。当 $h_z(q_{it}; \gamma,$

c)的取值在 $0 \sim 1$ 之间变化时，回归系数相应的在 β_{j0} 和 $\beta_{j0} + \beta_{j1}$ 之间变化。本研究旨在研究小额信贷对农村贫困缓减可能存在的非线性影响，因此选取小额信贷发展水平作为转换变量。γ 为平滑参数也称斜率系数，决定转换的速度；c 为转换发生的位置参数，决定转换发生的位置。通常，转换函数具有如下逻辑函数形式：

$$h_z(q_{it}; \gamma, c) = \left[1 + \exp\left(-\gamma \prod_{z=1}^{m}(q_{it} - c_Z)\right)\right]^{-1},$$
$$\gamma > 0, \quad c_1 < c_2 < \cdots < c_m \qquad (4.3)$$

式（4.3）中，m 表示转换函数 $h_z(q_{it}; \gamma, c)$ 含有的位置参数的个数。一般根据 $m = 1$ 或者 $m = 2$ 来确定体制转换的状态。

- 当 $m = 1$ 时，

$$h_z(q_{it}; \gamma, c) = h_1(q_{it}; \gamma, c) = \{1 + \exp[-\gamma(q_{it} - c)]\}^{-1} \qquad (4.4)$$

显然，$\lim\limits_{q_{it} \to -\infty} h_1(q_{it}; \gamma, c) = 0$ 且 $\lim\limits_{q_{it} \to +\infty} h_1(q_{it}; \gamma, c) = 1$。当 $h_1(q_{it}; \gamma, c) = 0$ 时，对应的 PSTR 模型（4.2）退化为式（4.1）形式，称之为低体制（low regime）。当 $h_1(q_{it}; \gamma, c) = 1$ 时，对应的模型（4.2）退化为一个多元面板回归模型，称之为高体制（low regime），其形式为：

$$POV_{it} = (\beta_{00} + \beta_{01})FIC_{it} + \sum_{j=1}^{n}(\beta_{j0} + \beta_{j1})STR_{j,it} + \varepsilon_{it} + \mu_i \qquad (4.5)$$

这时，若进一步有 $q_{it} = c$ 或者 $\gamma \to 0$，$G_1(q_{it}; \gamma, c) = 0.5$，则模型（4.2）退化为线性固定效应模型；若有 $\gamma \to +\infty$，PSTR 模型退化为面板门限回归模型，因此，线性固定效应模型和面板门限回归模型都是 PSTR 模型的特殊形式。

由于转换函数 $h_1(q_{it}; \gamma, c)$ 是一个连续函数，因此，当 $h_1(q_{it}; \gamma, c)$ 在 $0 \sim 1$ 之间连续变化时，对应模型（4.2）就在低体制和高体制之间作连续的非线性平滑转换。就本研究而言，这种平滑转换的经济意义可表述为：小额信贷发展低水平区间（对应 $h_1(q_{it}; \gamma, c) = 0$）和高水平区间（对应 $h_1(q_{it}; \gamma, c) = 1$）分别对应着两种不同的贫困状态，随着小额信贷从低水平阶段向高水平阶段发展，农村贫困状态将呈现出非线性的结构转换。

- $m = 2$ 时，

$$h_z(q_{it};\ \gamma,\ c) = h_2(q_{it};\ \gamma,\ c_1,\ c_2)$$

$$= \{1 + \exp[\ -\gamma(q_{it} - c_1)(q_{it} - c_2)]\}^{-1} \qquad (4.6)$$

当 $q_{it} = (c_1 + c_2)/2$ 时，函数 $h_2(q_{it};\ \gamma,\ c_1,\ c_2)$ 取值最小，此时，解释变量与被解释变量的关系所对应的体制称为中间体制。

在 PSTR 模型（4.2）中，POV_{it} 关于 FIC_{it} 的边际效应可以表示为：

$$e_{it} = \frac{\partial POV_{it}}{\partial FIC_{it}} = \beta_0 + \beta_1 h_z(q_{it};\ \gamma,\ c);\ \forall i,\ \forall t \qquad (4.7)$$

由于 $0 \leqslant h_z(q_{it};\ \gamma,\ c) \leqslant 1$，所以 e_{it} 实际上是 β_0 和 β_1 的加权平均值，系数 $\beta_1 > 0$ 意味着 FIC_{it} 对 POV_{it} 的影响效应随着转换变量的增加而增加；系数 $\beta_1 < 0$ 意味着 FIC_{it} 对 POV_{it} 的影响效应随着转换变量的增加而减少。

在对 PSTR 模型进行估计之前，首先需要检验数据的截面异质性特征，以判断被解释变量与解释变量之间是否存在非线性效应，也即检验构建 PSTR 模型的正确性。一般采用 $h_z(q_{it};\ \gamma,\ c)$ 在 $\gamma = 0$ 处的一阶泰勒展开式来构造一个关于线性参数的辅助回归，在 $m = 1$ 和 $m = 2$ 条件下，对应于模型（4.2）的辅助回归函数形式分别为：

$$POV_{it} = (\beta_{00} + \lambda_0\beta_{01})FIC_{it} + \sum_{j=1}^{n}(\beta_{j0} + \lambda_0\beta_{j1})COT_{j,it}$$

$$+ q_{it}\Big(\beta_{01}^*FIC_{it} + \sum_{j=1}^{n}\beta_{j1}^*COT_{j,it}\Big) + \mu_{it} \qquad (4.8)$$

$$POV_{it} = (\beta_{00} + \lambda_0\beta_{01})FIC_{it} + \sum_{j=1}^{n}(\beta_{j0} + \lambda_0\beta_{j1})COT_{j,it}$$

$$+ q_{it}\Big(\beta_{01}^*FIC_{it} + \sum_{j=1}^{n}\beta_{j1}^*COT_{j,it}\Big)$$

$$+ q_{it}\Big(\beta_{01}^{**}FIC_{it} + \sum_{j=1}^{n}\beta_{j1}^{**}COT_{j,it}\Big) + \mu_{it} \qquad (4.9)$$

其中，β_{01}^*、β_{j1}^*、β_{01}^{**}、β_{j1}^{**} 均是 γ 的系数向量；$\lambda_0 = h_z(q_{it};\ \gamma = 0,\ c) = 1/2$；$\mu_{it} = \varepsilon_{it} + R(y_{it};\ \gamma,\ c)$；$R(y_{it};\ \gamma,\ c)$ 为泰勒展开的余项。

根据泰勒展开式的定义，模型（4.2）的零假设 $H_0: r = 0$ 等价于式（4.8）和式（4.9）的零假设 $H_0^*: \beta_{j1}^* = \beta_{j1}^{**} = 0$，其中 $j = 0,\ 1,\ \cdots,\ n$。为

此，零假设的检验可以通过构造渐进等价的 LM 或 LM_F 统计量方便地进行[①]，从而间接实现对原零假设 $H_0: r=0$ 的检验。LM 和 LM_F 检验统计量的具体形式为：

$$LM = TN(SSR_0 - SSR_1)/SSR_0 \tag{4.10}$$

$$LM_F = [(SSR_0 - SSR_1)/mK]/[SSR_0/TN - N - m(K+1)] \tag{4.11}$$

其中，SSR_0 和 SSR_1 分别为在原假设 $H_0: r=0$ 和备择假设 $H_1: r=1$ 下的残差平方和，K 为解释变量的个数。如果检验拒绝原假设 $H_0: r=0$，表明存在非线性效应，意味着适合采用 PSTR 模型进行分析。这时，为了判断非线性效应是否具有唯一性，就需要进一步进行"剩余非线性效应"检验，以判断是只存在唯一一个转换函数（$H_0: r=1$），还是至少存在两个转换函数（$H_0: r=2$）。如果检验再次拒绝原假设 $H_0: r=1$，表明至少存在两个转换函数，则需继续检验原假设 $H_0: r=2$ 与备择假设 $H_1: r=3$，…，以此类推，直到不能拒绝原假设 $H_0: r=r^*$ 为止，此时 $r=r^*$ 则为 PSTR 模型包括的转换函数个数。

4.3.2　指标与数据

4.3.2.1　被解释变量

本研究从农村经济社会发展的多个维度来确定农村贫困水平。根据孙若梅（2006）等学者的研究，小额信贷用于生产性用途将从各种途径促进参与者收入增长，带来经济福利的改善；而用于非生产性贷款缓解参与者诸多流动性约束时，促进参与者社会福利改善居前三位的项目依次是教育、医疗和住房。因此，本研究从收入（ICM）、分配（GIN）、教育（STU）、医疗（MED）和生活条件（LIV）五个维度来衡量农村农村经济社会发展水平。ICM 采用各地区农村人均纯收入来衡量；GIN 采用各

地区农村基尼系数表示；*STU* 采用各地区农村人均受教育程度来衡量；*MED* 采用各地区农村人均医疗保健支出来衡量；*LIV* 采用各地区农村人均住房面积来衡量。农村基尼系数数据参照田卫民（2008）的方法计算得到。上述数据均来自相关年份《中国农村统计年鉴》《中国农业年鉴》和各省市统计年鉴。

4.3.2.2 核心解释变量与转换变量

实证分析中，小额信贷发展水平（*FIC*）既是核心解释变量也是转换变量。考虑到根植于农村开展小额信贷服务的主要金融机构是农村信用社，参考张立军和湛泳（2009）等学者的做法，采用用各地区农村信用社存款、贷款余额之和与农林牧渔业总产值的比重来衡量小额信贷发展水平，数据来源于相关年份《中国金融年鉴》《中国农业年鉴》。

4.3.2.3 控制变量

选取各地区农村固定资产投资水平（*AST*）、政府财政支农水平（*FSC*）、农村劳动力占比（*LAB*）作为控制变量。*AST* 用各地区农村固定资产投资总额与农林牧渔业总产值的比重来表示；*LAB* 用各地区农村劳动力占农村人口总量的比重来表示；*FSC* 用各地区政府预算内财政农业支出与农林牧渔业总产值的比重来表示。由于统计年鉴中指标体系的变化，本研究的财政支农数据 2003～2006 年为农业支出、林业支出和农林水利气象等部门的事业费支出三者之和，2007 以后为农林水事务支出。数据自相关年份《中国农村统计年鉴》《中国财政年鉴》《中国固定资产投资统计年鉴》。由于部分数据缺失，故本研究仅包含除西藏和港、澳、台地区之外的其他 30 个省份。指标数据的描述性统计如表 4.1 所示。实证分析时，为了消除价格因素影响，采用各地区农村物价指数对收入和消费数据进行了平减，考虑到数据指标的可比性及降低异方差，所有数据予以对数处理。

表 4.1   指标数据的描述性统计

变量		变量内涵	符号	均值	标准差	最大值	最小值	单位
被解释变量	经济福利	人均收入水平	ICM	4066.307	1435.329	16053.8	1357.282	元/人
		收入差距	GIN	0.311	0.085	0.489	0.228	—
	社会福利	人均受教育程度	STU	7.796	1.176	10.582	2.856	年/人
		人均医疗保健支出	MED	212.476	162.121	1035.20	23.620	元/人
		人均住房面积	LIV	29.34	10.111	62.30	14.240	平方米/人
解释变量	核心变量	小额信贷发展水平	FIC	1.697	1.016	12.232	0.1513	%
		农村固定资产投资	AST	38.066	21.713	181.233	4.946	%
	控制变量	政府财政支农水平	FSC	9.018	9.646	105.251	0.675	%
		农村劳动力占比	LAB	58.572	17.267	99.711	10.599	%

基于以上分析,本研究拟构建如下 5 个 PSTR 模型分别分析不同发展水平下各地区农村小额信贷发展对农村收入、分配、教育、医疗和生活条件影响的方向和特征:

$$POV_{it}^{(j)} = \beta_{00}FIC_{it} + \beta_{10}DEP_{it} + \beta_{20}AST_{it} + \beta_{30}LAB_{it}$$
$$+ (\beta_{01}FIC_{it} + \beta_{11}DEP_{it} + \beta_{21}AST_{it} + \beta_{31}LAB_{it})$$
$$h(FIC_{it}; \gamma, c) + \varepsilon_{it} + \mu_i \qquad (4.12)$$

其中, $j = 1, 2, 3, 4, 5$。$POV_{it}^{(1)}$、$POV_{it}^{(2)}$、$POV_{it}^{(3)}$、$POV_{it}^{(4)}$、$POV_{it}^{(5)}$ 依次代表 ICM_{it}、GIN_{it}、STU_{it}、MED_{it} 和 LIV_{it}。参照冈萨雷斯 (Gonázlez et al., 2005) 的处理方法,本研究首先对上述模型进行线性效应检验和剩余非线性效应检验。检验结果如表 4.2 所示。从表 4.2 中各模型的 LM 和 LM_F 统计量可以看出[①]:模型 (4.12) ~ 模型 (4.16) 对应的 $POV_{it}^{(1)}$ ~ $POV_{it}^{(5)}$ 中的 LM 和 LM_F 统计量均在 1% 的显著性水平下拒绝 $r = 0$ 的原假设,表明面板数据具有明显的截面异质性,不同发展水平下小额信贷对农民收入、教育、

---

① 就 LM 或 LM_F 检验而言,在大样本情况下两者是渐进等价的,对于小样本而言,LM 检验的渐进性要优于 LM_F 检验。

医疗和生活条件的影响均存在明显差异。验证了采用 PSTR 模型估计的正确性。同时，模型 $POV_{it}^{(1)} \sim POV_{it}^{(5)}$ 在 10% 的水平下均不能拒绝 $r=1$ 的原假设，表明这四个模型均不存在"非线性剩余"，即均只存在一个转换函数，也就意味着均只存在一个位置参数，故取 $r=1$，$m=1$。同时，进一步比较发现，模型 $POV_{it}^{(3)} \sim POV_{it}^{(5)}$ 无论是 LM 还是 LM_F 统计量值都要明显大于模型 $POV_{it}^{(1)}$ 和 $POV_{it}^{(2)}$ 的 LM 和 LM_F 值，表明就小额信贷与贫困缓减之间的非线性关系而言，小额信贷对农村社会福利的非线性影响要比对农村经济福利的非线性影响更为显著，而在对农村社会福利的影响中，又以对教育福利的非线性影响最为明显。

表 4.2   **线性效应检验与剩余非线性效应检验**

模型	原假设：$H_0:r=0$；备择假设：$H_1:r=1$		原假设：$H_0:r=1$；备择假设：$H_1:r=2$	
	LM	LM_F	LM	LM_F
$POV_{it}^{(1)}$	12.746 (0.000)	4.810 (0.000)	4.493 (0.481)	0.804 (0.547)
$POV_{it}^{(2)}$	27.229 (0.000)	5.329 (0.000)	1.161 (0.949)	0.206 (0.960)
$POV_{it}^{(3)}$	42.019 (0.000)	8.573 (0.000)	7.427 (0.191)	0.950 (0.787)
$POV_{it}^{(4)}$	41.809 (0.000)	8.525 (0.000)	4.192 (0.522)	1.339 (0.247)
$POV_{it}^{(5)}$	38.696 (0.000)	7.639 (0.000)	5.683 (0.338)	1.020 (0.406)

注：括号内为对应的 P 值。

表 4.3 给出了模型 $POV_{it}^{(1)} \sim POV_{it}^{(5)}$ 的估计结果（通过 Matlab 7.0 计算得到）。为了进一步确定模型估计的稳健性和可信度，本研究同时进行了如下稳健性分析：第一，将样本时间跨度缩减为 2002 ~ 2010 年，以分析样本时间长度的不同是否对本研究主要结论产生影响；第二，将每两年数据做一次平均，对实证模型进行了再估计，以测算年度数据的波动性对模型估计

可能产生的影响；第三，依次轮换剔除一个控制变量对模型进行了再估计。上述分析发现模型 $POV_{it}^{(1)} \sim POV_{it}^{(5)}$ 的非线性效应均是显著存在的，其核心解释变量的符号也基本相同。为此可以认为本研究的非线性估计结果是稳健和可信的。

表 4.3 线性效应检验与剩余非线性效应检验

类别	指标	系数	经济福利改善		社会福利改善		
			$POV_{it}^{(1)}$（收入）	$POV_{it}^{(2)}$（分配）	$POV_{it}^{(3)}$（教育）	$POV_{it}^{(4)}$（医疗）	$POV_{it}^{(5)}$（生活）
线性部分参数估计	FIC	β_{00}	0.438 (0.301)	−0.183 ** (0.075)	0.101 * (0.051)	−0.080 ** (0.034)	0.033 (0.181)
	AST	β_{10}	−2.186 *** (0.549)	0.082 (0.454)	−0.025 (0.138)	−1.312 *** (0.381)	0.110 *** (0.042)
	FSC	β_{20}	0.104 ** (0.040)	−0.159 (0.107)	0.176 *** (0.043)	−0.457 *** (0.108)	−0.054 *** (0.021)
	LAB	β_{40}	0.264 (0.192)	−0.098 (0.140)	−0.021 (0.045)	−0.184 * (0.097)	−0.018 (0.014)
非线性部分参数估计	FIC	β_{01}	0.483 ** (0.188)	−0.564 ** (0.193)	0.312 *** (0.076)	0.439 ** (0.210)	0.015 (0.030)
	AST	β_{11}	2.278 *** (0.676)	−0.218 (1.265)	−0.010 (0.168)	0.541 (0.588)	−0.391 *** (0.097)
	FSC	β_{21}	−0.706 ** (0.274)	−2.351 * (1.457)	−0.333 *** (0.052)	0.485 *** (0.137)	0.083 *** (0.027)
	LAB	β_{41}	−0.496 (0.365)	−0.779 (1.307)	0.011 (0.082)	−0.018 (0.145)	0.094 (0.071)
位置参数	C		1.003	0.944	−0.036	0.148	0.686
平滑参数	γ		186.473	2.617	4.533	2.574	2.236
AIC	—		0.194	−0.676	−3.382	−2.358	−5.332
BIC	—		0.316	−0.551	−3.260	−2.278	−5.210

注：* 表示 p < 0.10，** 表示 p < 0.05，*** 表示 p < 0.01，括号内为对应的标准误。

下面，就表4.3的估计结果做如下具体解读：

（1）小额信贷与农村经济福利改善：模型 $POV_{it}^{(1)}$ 和 $POV_{it}^{(2)}$ 是小额信贷对农村经济福利影响的估计结果。由模型 $POV_{it}^{(1)}$ 的估计结果可以看出，小额信贷对农村居民人均纯收入的影响线性部分和非线性部分均表现为促进，但是仅非线性部分显著。表明小额信贷发展水平跨越门槛值2.726之后才能有效促进农民收入增长。这一结果意味着在其他条件不变的情况下，小额信贷在自身发展水平较高的地区才能对收入贫困的缓减产生正向促进效应。从模型 $POV_{it}^{(2)}$ 的估计结果可以看出，小额信贷对农村内部收入分配差距的影响线性部分和非线性部分均为负向显著，表明小额信贷能有效缓减农村内部收入分配差距，但是在不同的发展水平上，其缓减农村内部收入分配差距的效应存在差异。当小额信贷发展水平跨越门槛值2.570（对应的位置参数为0.944）之后，其对农村收入分配的改善效应将进一步增强。这一结果意味着在其他条件不变的情况下，小额信贷在自身发展水平较高的地区对收入分配的改善效应更强。根据门槛值就各地区农村小额信贷发展水平进行分类整理，发现仅北京、上海、山西、广东、天津5个省份农村小额信贷发展水平跨越了门槛值2.726，而浙江跨越了门槛值2.570，表明北京、上海、山西、广东、天津农村小额信贷不仅促进了本地区农民收入增长，而且对收入分配的改善效应也要明显强于其他地区，有效促进了各自地区农村经济福利的改善，缓解了收入贫困。而浙江省农村小额信贷尽管没有带来本地区农民收入的增长，但较好地改善了本地区农村收入分配，一定程度上促进了农村经济福利的改善。这一结果也意味着小额信贷对我国农村经济福利的改善效应并没有全面普及，大部分省区小额信贷对农村经济福利的改善效应还有很大的提升空间。此外，模型 $POV_{it}^{(1)}$ 和 $POV_{it}^{(2)}$ 转换函数对应的平滑参数分别为186.473、2.617，表明模型 $POV_{it}^{(1)}$ 低体制和高体制在门槛值前后转换的速度非常快，趋近于简单的两机制 PTR 模型（见图4.2），意味着随着小额信贷发展水平向门槛值的趋近和跨越，其对农民收入增长的改善效应将迅速显现；而模型（4.13）低体制和高体制在门槛值前后转换的速度比较慢，呈现平滑渐进转变趋势（见图4.3），意味着随着小额信贷发展水平向门槛值的趋近和跨越，其对农村收入分配的改善效应将逐渐增强。

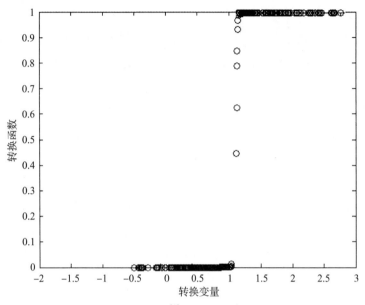

图 4.2 $POV_{it}^{(1)}$ 估计的转换函数

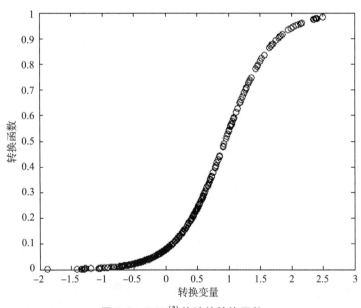

图 4.3 $POV_{it}^{(2)}$ 估计的转换函数

（2）小额信贷与农村社会福利改善：模型 $POV_{it}^{(3)} \sim POV_{it}^{(5)}$ 是小额信贷对农村教育、医疗、生活条件等社会福利影响的估计结果。由模型 $POV_{it}^{(3)}$ 估计结果可知，小额信贷对农村居民人均受教育程度的影响线性部分和非线性部分均正向显著，也就是说，小额信贷发展水平的提升将显著促进农村居民受教育水平的增加，并且当小额信贷发展水平跨越门槛值 0.965（对应的位置参数为 − 0.036）时，其对农村居民受教育程度的促进效应将进一步提升。这一结果意味着在其他条件不变的情况下，小额信贷在自身发展水平较高的地区对教育福利的改善效应更强。

由模型 $POV_{it}^{(4)}$ 估计结果可知，小额信贷对农村医疗保健消费支出的影响效应在门槛值 1.160（对应的位置参数为 0.148）前后产生了两种截然不同的效应，由显著的抑制效应转变为显著的促进作用。在门槛值 1.160 之前，小额信贷抑制了农村居民医疗保健消费的增加，而跨越门槛值之后，小额信贷有效促进了农村居民医疗保健消费的增加。这一结果意味着在其他条件不变的情况下，小额信贷在自身发展水平较高的地区才能促进医疗福利的改善。

从模型 $POV_{it}^{(5)}$ 的估计结果可以看出，小额信贷对农村居民生活条件贫困的影响效应在门限值 1.968（对应的位置参数为 0.686）前后均为正但都不显著。这一结果意味着农村小额信贷发展并没有给农村居民生活条件的改善带来显著的影响。本研究认为可能的原因在于农信社发放的小额信贷针对农户消费性贷款的限制较严，农户在改善住房以及其他物质生活条件的信贷需求满足度低，使得小额信贷在农村居民生活条件福利的改善上难以发挥积极效应。

同样根据门槛值就各地区农村小额信贷发展水平进行分类整理，发现除江西、广西、海南、新疆外其余 26 个省份均跨越了门槛值 0.965；表明小额信贷促进了大部分地区农村教育福利的改善，但江西、广西、海南、新疆小额信贷对农村教育福利的改善效应还有较大的提升空间，这些地区小额信贷改善农村教育福利的效应将随着自身发展水平的提升而逐渐增强。北京、上海、山西、广东等 16 个省份农村小额信贷发展水平跨越了门槛值 1.160，有效促进了各自地区医疗福利的改善，而海南、新疆、广西等其他

14 省份农村小额信贷发展还无益于各自地区农村医疗福利的改善。

此外，模型（4.14）~模型（4.16）转换函数对应的平滑参数分别为4.533、2.574 和 2.236，表明模型（4.14）~模型（4.16）低体制和高体制在门槛值前后转换的速度都比较慢，呈现平滑渐进变化趋势（见图 4.4 ~ 图4.6），意味着小额信贷缓减农村社会福利的效应是长期积累并逐步形成的，而随着小额信贷发展水平向相应门槛值的趋近和跨越，其对农村教育福利的改善效应将逐步增强，对农村医疗福利的改善效应将逐步显现。

上述结果很好的验证了本研究之前提出的两个假说。从控制变量上看，在相应的门槛值前后，固定资产投资对农村收入的影响由抑制转变为促进，对生活条件的影响恰好与此相反，对医疗保健的影响仅线性部分负向显著，而对收入分配和教育程度的影响始终不显著；财政农业支出对收入和教育的影响由促进转变为抑制，对医疗和生活条件的影响恰好与此相反；劳动力占比在门槛值 1.160 之前能够抑制农村医疗保健消费支出，而在其他发展区间对其他指标的影响均不显著。

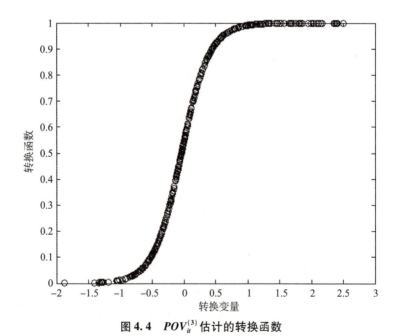

图 4.4　$POV_{it}^{(3)}$ 估计的转换函数

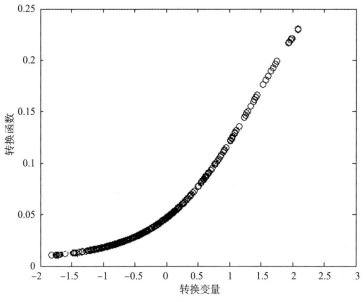

图 4. 5 $POV_{it}^{(4)}$ 估计的转换函数

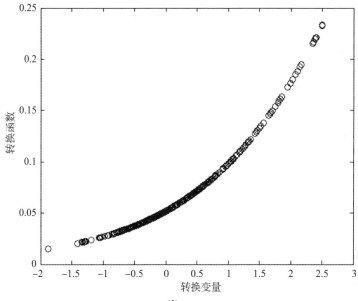

图 4. 6 $POV_{it}^{(5)}$ 估计的转换函数

按照各门槛值将各地区进行归类（如表4.4所示），可以发现，我国农村小额信贷的多维减贫效应地区差异显著：除江西、广西、海南、新疆4个省份小额信贷的多维减贫效应还没能有效显现外，其他省区农村小额信贷均不同程度地促进了本地区多维贫困缓减，且以北京、上海、山西、广东、天津5个省份最为明显。进一步的比较可知，小额信贷促进农村经济福利改善需要跨越的门槛值均要大于促进社会福利改善需要跨越的门槛值。这意味着我国农村小额信贷促进社会福利的改善比促进经济福利的改善要更加普遍和容易实现。小额信贷在缓减农村贫困的效应上，经济福利的提高并不是其减贫效应的唯一表现，社会福利的改善也是其减贫效应不可忽视的重要组成部分。因此，我国农村小额信贷反贫困的多元福利价值是显著的，小额信贷具有显著的缓减贫困的效用。

表4.4   农村小额信贷多维减贫的地区差异

门槛水平	地区
$C < 0.965$	江西、广西、海南、新疆
$0.965 \leqslant C < 1.160$	四川、江苏、辽宁、河南、吉林、黑龙江、安徽、福建、湖北、湖南
$1.160 \leqslant C < 2.570$	重庆、陕西、河北、宁夏、青海、甘肃、贵州、山东、云南、内蒙古
$2.570 \leqslant C < 2.726$	浙江
$C \geqslant 2.726$	北京、上海、山西、广东、天津

4.4　结论与启示

采用省级面板数据和面板平滑转换模型实证分析了我国农村小额信贷发展的多维减贫效应及其特征，得到如下主要结论：第一，我国农村小额信贷发展的多维减贫效应显著，但在不同的发展水平上，其对农村经济福利、社会福利的影响均存在显著差异，呈现鲜明的门槛特征。第二，就对农村经济福利的影响来看，小额信贷在自身发展较高水平区间不仅能有效促进农民收入增长，而且对收入分配的改善效应更强；就对农村社会福利的影响来看，小额信贷在自身发展的不同水平区间均能够促进农村教育福利的改善，但在较高水平区间对教育福利的改善效应更强；对应于门槛值1.160 前后，小额信贷改善农村医疗福利的效应由抑制转变为促进；但在门槛值 1.968 前后，均无益于农村居民生活条件的改善。第三，农村小额信贷减贫效应的地区差异显著，其中北京、上海、山西、广东、天津 5 个省份农村小额信贷有效促进了各自地区农村经济、社会福利的改善，是其减贫效应最为显著的地区，而江西、广西、海南、新疆农村小额信贷除一定程度上带来了教育福利的改善外，其他维度的减贫效应还有较大的提升空间。

上述研究结论，为推动我国农村小额信贷多维度缓解农村贫困提供了有益的政策启示：第一，对农村小额信贷与多维贫困缓减之间关系的认识应跳出线性分析范式，关注小额信贷与农村多维贫困缓解之间的"门槛效应"，适当根据小额信贷发展的不同阶段来合理配置其他信贷资源，以更加有效地促进农村小额信贷多维度扶贫的深入持久推进。第二，鉴于经济福利之外社会福利的改善是小额信贷减贫不可忽视的重要组成部分，有必要在加大相关政策支持力度，促进农村小额信贷健康发展的同时，进一步优化农村小额信贷供给结构，加快完善和推进以改善民生为重点的消费信贷促进机制，适当放开消费信贷供给的约束成分。第三，基于农村小额信贷减贫效应的区域不平衡性，应强化对农村小额信贷扶贫薄弱地区的金融支持，扩大信贷扶贫项目覆盖广度与覆盖深度，逐步缩小农村信贷扶贫的地区差距，提高信贷扶贫的针对性和有效性。

| 第 5 章 |

社会资本对农户信贷影响的机制分析

前文基于宏观与单维视角分析了县域农村金融发展及其与农民收入、农民内部收入不平等之间的关系。本章首先基于微观视角分析社会资本影响贫困农户信贷的三个主要维度及其释义，然后基于多维视角分析社会网络资本、社会信任与社会参与对农户信贷影响的机制与渠道，为后文的实证分析提供理论支撑。

当前，学界对社会资本的内涵及其界定、功能及其度量等方面存有争议。基于社会资本的多维内涵，厘清现有社会资本对贫困农户信贷影响的几个典型维度，即是全面认识社会资本通过信贷渠道缓解贫困的基础和前提，也是准确量化和测度社会资本通过缓解信贷约束进而促进贫困减少的效应的应有之义。

利达·哈尼凡（Lyda Hanifan，1916）最早从社会学角度对社会资本进行了界定，认为社会资本是由个人和家庭构成的具有获取资源、满足需求等特征的一种社会关系。随后，洛里（Loury，1977）将社会资本引入到经济学分析当中，基于经济学视角将社会资本定义为"促进或帮助获得市场中有价值的技能或特点的人之间自然产生的社会关系"。两者的定义都强调了社会资本是一种社会关系，而社会成员则是社会关系网络中的受益者（陆迁和王昕，2012）。随后，学者们对社会资本内涵与界定的差异使得社会资本研究的范围不断扩展，从而用来解释各种现象。普特南和伦纳德（Putnam & leonardi，1994）、里马洛赫尔等（Riumalloherl et al.，2014）研究认为社会网络、

74

信任与规范是构成社会资本的三维核心要素。有学者认为社会资本具有信息传递与充当隐性抵押品的功能，本质上是社会网络、社会信任、社会声望和社会参与的结合体（陆迁和王昕，2012）。王强（2019）进一步研究指出，社会资本具有信息、影响、社会信任、强化四种主要功能，而这些功能主要通过社会网络、社会信任和社会参与三种要素来实现。由此可见，社会网络、社会信任与社会参与都是社会资本的重要组成部分。其一，社会资本以社会资源作为载体，存在于一定的关系网络中，每个成员在这种关系网络结构中都有自己的支点和场域。网络资源是社会资本的运作基础。其二，"信任关系"是社会资本中的核心要素。社会资本建立在人们频繁交往与互动形成信任的基础之上，基于这种信任及其生成的声望和制约机制，从而使得网络成员能够对关系网路中的稀缺资源进行配置，进而促使人们达成一致与合作。其三，社会资本的形成离不开社会成员的参与。无论何种形式下的社会网络关系，彼此间都是一个相互联系的整体，而不是孤立存在的。在成员认同的共同规范下，社会成员选择参与到社会网络活动中来，并且充分利用获取信息的优势和网络信任的优势来实现自己的目标（陆迁和王昕，2012）。由此可见，社会资本不是单个层面孤立释义抑或存在的概念，其内涵实际上是社会网络、社会信任和社会参与等多维释义的结合体。

在影响农村贫困的诸多因素中，社会资本被认为是继物质资本、人力资本后最为重要的因素之一。在中国农村建立在亲缘、血缘、地缘、业缘等关系基础之上的典型人情网络社会里，农村居民普遍拘于受教育水平、文化认知、信息获取渠道等局限，社会资本对他们而言，不仅仅是个体或成员之间维持关系与协调利益的一种非正式契约，而是日益成为成员之间信息分享、资源配置、行动共识、互利互惠的一种替代机制。尤其在信息相对闭塞、流动性相对较弱的贫困农村地区，利用社会资本将各种资源进行有效配置以实现其福利改善显得尤为重要。尽管有学者对社会资本是"穷人的资本"这一命题提出过质疑，但大量文献研究表明，社会资本在降低贫困发生率，增加贫困人口收入，缓解贫困家庭脆弱性，改善农村地区收入不平等程度、缩小收入差距以及抵御意外冲击、平滑家庭消费等方面均起到了重要作用。但是，上述相关研究大部分是基于社会资本与居民收入关系分析的基础上得出的结论，关于社会资本与农村多维贫困的关系的研究还相对薄弱，对于社会资本反贫困机制及其渠道的系统研究还少有涉及。下面，重点介绍社会网络、社会信任、社会参与对贫困农户信贷影响的机制。

5.1 社会网络资本对农户家庭信贷影响的机制分析

5.1.1 社会网络维度释义

法国学者布迪厄（Bourdieu，1997）是基于社会网络维度界定社会资本的典型代表。他将社会资本定义为"实际的或潜在的资源集合体，这些资源（强调每一个成员都拥有的）与成员所共知的、公认的、体制化的某种持久性的关系网络的占有密不可分"。该定义一方面强调社会成员构成关系网络，另一方面也强调这种关系网络是拥有特定资源的成员嵌入的链接，能为成员提供可以利用的资源，并且依靠成员在频繁地接触、交流与互动过程中形成的内部信任关系维系。由于社会网络是拥有一定血缘、亲缘、情缘、业缘、地缘的行动者和关系者所组成的网络结构，关系网络成员的资源、禀赋等决定了社会关系网络的强弱，而社会关系网络的强弱程度也反过来影响成员的行为。

5.1.2 社会网络资本影响农户信贷的机制

在贫困地区，由于农户缺少有效的现金流、抵押物和担保品，被认为能够作为物质资本的一种替代品的社会网络资本就对农户借贷有着重要的影响。社会网络资本对农户信贷的影响机制主要体现在有效信息机制上。

信息在农户的日常生产生活和融资借贷中发挥着重要作用，而较大的社会网络意味着农户之间能够获得更多的信息交流机会和更多有效信息量，农户就更容易得到关于信贷和融资的相关信息，进而增加农户融资成功率。有效信息机制可以保障社会网络资本在农户借贷中发挥作用，同时它也为社会网络资本形成奠定了坚实基础。信息传递效率一般包括三个部分：信息质量即信息本身的客观准确、信息的传递速度、传递的信息有效可用。信息是否能够得到有效传递与社会网络范围、社会网络结构和社会网络异质性有关。一般而言，社会网络范围越大，信息传递的效率越低；水平网络结构有利于内部信息的传递，而垂直网络结构则更便于传递外部信息；网络成员之间异质性越高，则传递的信息越有效（徐慧贤等，2019）。

首先，从正规信贷来看，在贫困农村地区的信贷市场，正规金融机构并不具备优势，主要原因是此类地区银行、信用社等正规放贷机构与贷款者之间的信息不对称严重，进而导致交易成本（包括搜寻成本、选择成本、执行成本、监管成本等）高昂。依靠农户家庭之间的社会网络资本，放贷者与贷款者之间的信息不对称可以通过社会网络关系的流动得到缓解，这将在很大程度上缓解交易双方的信息不对称问题，进一步降低借贷双方的交易成本，提高借贷供需匹配的概率。一个典型的正规借贷案例就是农户正规借贷的多户联保制。在多户联保借贷中，联保借款的农户彼此熟悉熟知，且均来自同一个乡村，这就在无形中完成了自我筛选程序并增进彼此之间相互信任。通过联保机制，正规金融机构承担的一部分信贷风险被自然转移给联保小组，使得参加联保的农户更加关注彼此并实时监督彼此的借款行为，甚至在必要时会通过声誉和信誉压力等强迫联保护按期还款。显而易见，联保机制的形成正是基于农户的社会网络资本，通过借款者的社会网络关系了解其品格、声望、运营能力、偿贷能力、家庭结构等相关信息，从而大大降低了信贷违约风险，提高还款率。一般而言，社交网络资本丰裕的家庭，社会互动频繁，借贷双方的信息不对称较低，更容易以低成本得到正规金融机构贷款（王金哲，2019）。

其次，从非正规借贷来看，在农村贫困地区，由于农户信贷具有单笔贷款规模小以及缺乏必要抵押品的特点，再加上农业生产本身的自然风险和市场风险较大，使得信贷配给行为和谨慎性风险控制策略成为农村正规金融机构的普遍策略。在此背景下，非正规信贷作为正规信贷的互补或替代成为农户融资的主要渠道。非正规信贷能够大量和频繁发生，究其原因就是农户之间基于血缘、地缘、业缘等构成的社会网络资本在发挥作用。

社会网络资本给农户带来便利的社会资源、关系网络以及有用的信息渠道，这有助于农户发现更多可靠的银行与信用社等机构之外的非正规融资来源途径，特别是对于生活在贫困地区的农户。相较于其他渠道的信息搜寻，社会网络的融资信息传递更加迅速、便捷、有效。见图5.1。

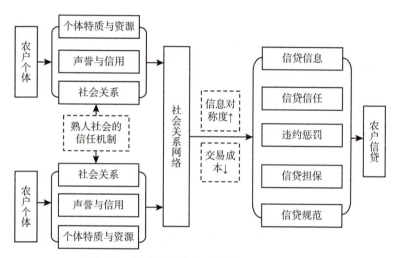

图5.1 社会网络资本对农户信贷影响路径

5.2　社会信任对农户家庭信贷影响的机制分析

5.2.1　社会信任维度释义

社会信任是社会资本的另一个重要核心维度，普特南和福山是基于社会信任维度释义社会资本的典型代表。他们认为根植于社会网络中的社会信任是社会资本的关键要素。帕特南（Putnam，2001）重点强调了信任的重要性，他认为"社会资本是由一系列的信任、网络和规范构成的，这种具有组织性质的网络可以促进集体合作意愿的达成，进而提高工作效率"。

福山（Fukuyama，1998）从社区角度出发进一步扩展了帕特南的界定，第一个将社会信任的概念引入团体组织，认为社会资本是根据社区的传统建立起来的群体成员之间共享的非正式的价值观念和规范，因其趋同性可以产生对网络成员的信任，由于这种信任突破了个体的限制，从而促进了成员之间合作行为的达成。在此基础上，他进一步提出了"信任半径"的概念，认为成员信任扩展到某一范围，信任半径可以控制潜在风险。因而，社会信任是一种人际信任，是存在于信任方与被信任方之间"托付—回报"动态反馈形成的"信任链"之中的一种伦理结构关系。社会信任突破了传统经济学的理性假设，包括了社会理性和经济理性的多元理性，是信任主体对被信任对象未来言行的某种持续性的正面预期（周海文和周海川，2019）。交易主体的社会信任有利于可以降低合作成本、提高合作效率，进而有助于提高社会网络关系中各类规范、制度的质量，从而提升网络成员的整体信任水平，是达成合作的前提与基础（Ferrin et al.，2007）。

5.2.2　社会信任影响农户信贷的机制

社会信任是影响社会网络资本发挥作用的重要因素，其本身也受到社会网络的影响。它是各类经济交易必备的公共品德（Hirsch，1977）。拥有较高社会信任水平的社会网络更有利于降低社会交易成本，并提高网络成员之间集体合作的可能性。因而，社会信任主要通过促成和建立合作机制，进而影响农户信贷。

在我国农村地区，人与人之间的信任是建立在以亲戚关系和朋友关系为主的纯粹的个人关系上的，这就对应形成了依附于以亲缘、血缘、地缘、人缘等为基础的高度信任（或特殊信任）和一面之交似的低度信任（或一般信任）这两种不同程度的信任度。所以，农村地区农户非正规借贷对象通常会分为近亲、远亲、乡邻和朋友等，并以近亲和朋友为主。以农户社会网络为基础形成的信任机制不仅可以大大降低农户在信贷过程中产生的各类交易成本，而且可以显著提升借贷双方的合作意愿与合作效率，促进帕累托最优状态的实现。从声誉与信誉层面来看，由于声誉和信誉不是短期可以形成的，而是农户长期稳定投入的结果。因而，农户非常在意自身声誉的建立和维护，声誉也一度成为农户家庭的一种无形资本，良好的声誉和信誉可以显著增加农户家庭的竞争优势。依赖于自身长期以来积攒下来的信誉和声誉，农户信贷交易过程中的不确定性将大大降低，借贷方更容易得到放贷机构的认可，交易双方之间各类试探、考察、检验等程序也会得到极大的简化，合作更容易达成。从借贷方来看，受制于面子意识、人情礼俗等传统道德（即所谓的口碑）的约束，使其不会轻易违约，以避免遭受乡村社会压力、社会排斥甚至社会惩罚，使得自身长期投入形成的声誉、信誉甚至威望毁于一旦。

因此，信任机制可以充当农户正规与非正规借贷的抵押和担保品，对借贷双方而言，高的社会信任度会削弱道德风险和逆向选择的问题，降低交易成本以促进交易合作的稳定性（徐慧贤等，2019）。受益于社会信任机制，处于一定社会网络关系结构中的农户能够提高自身借贷可得性，缓解自身融资约束。见图5.2。

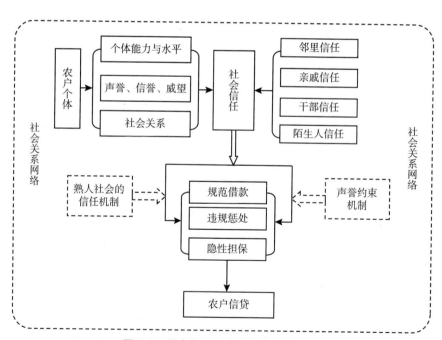

图5.2　社会信任对农户信贷影响路径

5.3 社会参与对农户家庭信贷影响的机制分析

5.3.1 社会参与维度释义

社会参与维度强调社会资本的内涵重点是社会参与性或嵌入性。波茨（Burts，2000）认为社会资本是嵌入的结果，他将社会资本定义为"个人在社会网络中或者在更宽泛的社会结构中获取短缺资源的能力，而'获取能力'指的是个人与他人关系中包含着的一种资产。"这一界定强调了现存的结构提供给行动者两种约束，即"可强制推行的信任"和"互惠的预期"，使行动者能够通过"结构的嵌入"抑或"理性的嵌入"来获得某种成员资格，进而得到获取某种稀缺资源的潜力或者能力。这里的"嵌入"就是一种社会参与，正是这种参与使得不同的成员能够融入整个网络组织中来，并根据自身参与程度的不同，做出不同的行为决策。

5.3.2 社会参与影响农户信贷的机制

农户家庭作为农村地区最基本的社会组成部分和经济主体，在市场上兼有生产者和消费者的双重身份，因而即需要资金满足其生产性需求，也需要资金满足自身的各种生活消费。农村金融市场能否满足农户的两类主要信贷需求不仅会影响到农户的生产效率，也会影响到农民的生活状况与生活质量。然而，影响农户获取信贷资金的因素多种多样、错综复杂，社会组织参与无疑对农户信贷产生重要影响。一般而言，涉及融资需要层面的社会参与主要是指社会组织参与，一般可分为政治关联性组织参与和非政治关联性组织参与。

政治关联性组织参与是指农户通过各种合法方式参与政治活动，从而影响政治体系的构成、运行方式、运行规则和运作过程的行为。如果家庭有成员为中共党员、民主党派人士、县/区及以上人大代表、政协委员、乡镇干部等，则称该家庭参与政治关联性组织。农民参与政治关联性组织的主要形式包括投票选举、社会监管、反映诉求、接触或成为政府工作人员等。农民政治关联性组织参与不仅关系到自身权利的实现，更关系到自身福利的提升和自身未来发展等问题。一般而言，对社会的认知度越高、自身社会认可度越高、文化程度越高的农户，参与政治关联性组织活动越活跃。通过参与政治关联性组织，能够及时了解和掌握国家农村金融政策，进而能够获取越多的金融信息和服务，这将有利于自身信贷行为和信贷决策的实施。非政治关联性组织参与主要是指农户通过各种合法方式参与私营企业主协会、个体劳动者协会、专业合作社等互助性组织和群团组织的行为。下面以合作社为例，分析农户非政治关联性组织参与中的合作社参与对其信贷的影响机制。

首先，农户加入合作社后，其社会资本规模和质量将得到进一步提升。为了以示区别，我们将农户在加入合作社之前，通过自身亲缘、血缘、地缘、姻缘、业缘、情缘等关系获得的社会资本称为原生型社会资本。这类资本主要包括农户的身份地位、乡土关系和宗族关系等，来源于农户自身原生社会关系的各种人际网络与个人特质，是反映农户个体独立社会生活能力的资本。加入合作社之后，农户将在原生型社会资本的基础上获得来自合作社这一特定组织的额外的社会资本，我们将之称为社团性社会资本。它来自农户与合作社之间较为明确的产前、产中、产后联系，是成为社员的农户从合作组织内部及外部关系网络中获得的有利于实现自身目标以及群体目标和集体合作的社会组织资源。其表现形式主要包括农户个体通过参与合作组织所带来的观念意识的改变、所建立和扩充的人际网络、所形成的文化意识，等等。而农户社会资本规模和质量的提升无疑将对农户信贷带来影响，包括从中获得解决自身融资问题的新思路、新信息、新方法等。

其次，农户加入合作社之后，通过利益共同体合作社，原本分散、独立的小农户可以"抱团"实现集体行动，从而提升自身的市场势力，有助于增加正规信贷机会，缓解正规信贷约束。一方面，农业本身是一种弱质产业，小农户只有靠合作化、组织化才能更好地进入并驾驭市场。农户成为合作社社员后，通过组织进行合作，共同解决经济生产中的资金、技术、经营难题，有利于化解风险、降低脆弱性、提高收入，使得自身资质得以稳步改善，进而提升个人的借贷能力。另一方面，社员的各类"软信息"会在合作社网络中产生、传递、扩散并产生约束效应，具有不良"软信息"的农户通过组织关系网络进行传播与扩散并被无限次放大，从而使得该社员受到社员圈子的排斥与疏离。因而社员之间的相互约束与监督可以促进农户信用水平的提升。此外，社员在合作社中长期积累的声誉、信誉、口碑、威望等，可以充当隐性"抵押品"，有助于社员之间开展各类合作。

最后，合作社的管理人员对每一个加入组织的社员的品行、能力、生产经营状况、家庭状况等都较为了解和熟悉，正规金融机构在放贷时可以充分利用这些合作社的内部信息进行风险甄别，将交易中的部分外部成本内部化，这就一定程度上降低了信贷交易费用，增加了正规金融机构的信贷供给。因此，合作社组织参与可以缓解农户自身面临的正规信贷约束，提高信贷可获性。需要指出的是，由于农户参与的合作社各不相同，各合作社组织间运行情况有存在显著差异，加之自身资源禀赋的差异，加入合作社之后，农户自生拥有的社团型社会资本具有异质性，因此，不同农户成为社员后也将在不同程度和层面上享有社团型社会资本。见图5.3。

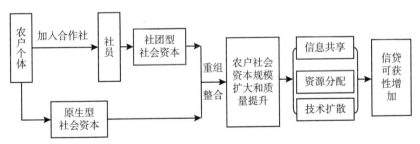

图5.3 社会组织参与对农户信贷影响路径

综上所述，社会资本中的社会网络、社会信任、社会参与等通过不同的途径对农户信贷产生影响。成员与成员之间通过关系网络搭桥形成关联效应，加上彼此网络节点的叠加，使社会网络发挥出信息流通和资本聚集效应。降低了信息不对称程度，体现了信息收益价值。同时，关系网络成员之间建立起来的有效信任机制能够作为一种隐形抵押，从而提高农户信贷可获性。此外，农户个体通过不同的社会组织参与，能够进一步增大自身社会资本规模，提升自生社会资本质量，进而在更大的社会网络结构中获取信息与资源、共享利益、建立互信与合作，提升个体和集体行动的有效性。这些都有利于缓解农户金融抑制，促进农户信贷需求得到满足。

| 第 6 章 |

农户家庭多维贫困动态转换分析[*]

　　本章基于微观层面，首先对农户家庭多维贫困及其初始、终了福利状态及其内涵进行界定与区分，然后从收入贫困、生活条件贫困、能力提升机会贫困三个层面深入分析不同类型贫困平行转化以及不同程度贫困梯度转化的具体情况。在此基础上，进一步采用中国家庭追踪调查（CFPS）[①]的微观面板数据和面板 Logit 模型研究农户家庭多维贫困动态转换的决定因素及其异质性。研究结果表明：教育人力资本、社会资本、劳动力就业转移、政府补助、户主年龄、村庄区位等都不同程度影响农户家庭多维贫困动态转换，并且对于家庭脱离贫困和陷入贫困的影响存在异质性。家庭劳动力人均教育程度提高将显著增加农户家庭脱离收入贫困、生活条件贫困、机会贫困以及家庭多维贫困缓解的概率，显著降低家庭陷入上述诸类贫困的概率。社会资本积累增加将显著增加家庭脱离相对收入贫困、生活条件贫困和机会贫困的概率，也将增加家庭二维贫困缓解的概率，同时显著降低家庭陷入相对收入贫困和生活条件贫困的概率。户主年龄对家庭脱离绝对、相对收入贫困和多维贫困的影响表现为将先上升后下降的倒 U 形特征；对陷入上述类型贫困的影响正好与此相反。家庭成员增加将显著降低农户

---

　　[*] 本章主要内容已经发表在：苏静，肖攀，胡宗义. 教育、社会资本与农户家庭多维贫困转化——来自 CFPS 微观面板数据的证据 [J]. 教育与经济，2019，35（2）：17 - 27。

　　[①] CFPS 由北京大学中国社会科学调查中心组织实施，它通过搜集社区、家庭、个人三个层次的跟踪数据，来反映中国经济与社会的变迁。自 2010 年开始，每两年追踪调查一次。范围覆盖了全国 25 个省（区、市）。

脱离生活条件贫困和机会贫困的概率。获得政府补助促进了农户家庭机会贫困缓解，但某种程度上也加剧了农户陷入生活条件贫困的倾向和动机。

6.1 问题的提出与研究综述

6.1.1 问题的提出

改革开放 40 年来，我国农村贫困人口从 1978 年的 7.7 亿人下降到 2017 年的 3046 万人，贫困发生率也相应地从 1978 年的 30.7% 下降到 2017 年的 3.1%，特别是中共十八大以来，我国农村脱贫攻坚取得决定性进展，累计减贫 6853 万人，消除农村绝对贫困人口 2/3 以上，创造了世界减贫史上的中国奇迹。[①] 然而，当前农村剩余贫困人口都是贫中之贫、困中之困的"硬骨头"，其多样性、反复性与衍生性决定了农村返贫问题突出，需要引起我们足够的重视。一方面，尽管当前我国扶贫目标已经由最初的解决吃饭、穿衣等单维生存性需求发展到确保贫困群体享有教育、住房、医疗等基本权利的发展性需求。但截至目前，我国政府还没有正式出台相对统一的多维贫困或福利标准，贫困标准普遍依据收入贫困线进行，导致贫困识别方面存在一定程度的偏差。另一方面，已有扶贫实践和贫困研究主要还是聚焦于静态的已经发生的贫困事实，不同程度地忽视了贫困状态和贫困程度相互转换的动态性实质。在此背景下，从动态视角系统探讨农户家庭不同类型和不同程度贫困相互转化情况及其原因，对于制定出台返贫问题治理对策，加强动态贫困预防与应对，切实促进精准扶贫、精准脱贫和可持续脱贫具有重要的理论价值与现实意义。

---

① 统计局：改革开放以来我国农村贫困人口减少 7.4 亿人 ［EB/OL］. 中国网财经. http://finance. china. com. cn//news/special/ggkf40years/20180903/4749990. shtml，2018 – 09 – 03.

6.1.2 文献述评

伴随着贫困理论的不断完善以及大量家户调查项目的实施及其数据的发布,多维贫困及其成因研究迅速成为学界与业界关注的焦点。

相当部分研究认为教育人力资本是促进农村贫困缓解重要而积极的因素之一。宏观层面的研究主要基于教育资源配置、教育公平、教育发展水平对收入差距与贫困的影响展开(Joo and Grable,2004;Carlo et al.,2009;杨俊等,2008;杨娟等,2015)。微观层面的研究相对薄弱,主要从个体或家庭成员的受教育年限、层次与类型出发,研究教育通过增加非农就业机会、提高劳动生产率、阻断贫困代际传递、促进社会地位与阶层提升等途径进而促进农户增收和缓解家庭贫困(Vila,2005;Tilak,2007;程名望等,2014;柳建平和刘卫兵,2017)。也有少数学者认为教育对于缓减贫困与农民收入增长的作用不显著甚至是消极的。单德朋(2012)发现西部地区教育支出的减贫效果不显著,现阶段教育效能对农村减贫的整体作用为负。宋玉兰等(2017)研究发现初中教育和职业教育对连片特困少数民族地区农民收入的影响不显著;而高中教育与收入增长呈现负相关关系。吴振华和张学敏(2017)研究认为教育对于缩小农民收入差距的作用存在门槛特征,当受教育年限高于某一临界值时,教育扩展及教育公平水平提升才利于农村地区收入差距的收敛。

近年来,越来越多的学者关注了社会资本对贫困的影响,但没有达成共识性结论。在社会资本与绝对贫困关系研究方面,尚塔拉和巴雷特(Chantarat and Barrett,2011)关于社会网络对于贫困家庭摆脱绝对贫困陷阱的作用的理论研究比较具有代表性。他们通过模型与数值模拟发现,社会网络可作为物质资本的替代品或互补品以提高绝对贫困家庭的劳动生产率进而提高其收入水平,收入水平的提高反过来能增强该类家庭的社交能力,从而扩大其社会网络资本。这种良性循环将可能促使此类家庭最终摆脱绝对贫困陷阱。但也有学者指出,社会资本减缓贫困的作用也不是绝对的。贺志武和胡伦(2018)研究发现不同类型的社会资本对于不同维度的贫困所起的作用是不同的。经验研究上，基于村庄信任层面的研究大部分给出了较为肯定的回应。张爽等（2007）研究发现公共信任能显著地减少农户贫困。基于社会网络资本层面的研究结论存在分歧。郭云南等（2014）研究发现，农村宗族网络对缓解农村贫困具有显著的正向作用。而关爱萍和李静宜（2017）研究发现，社会网络资本对农户贫困有着显著的负向影响。社会资本与相对贫困关系的研究主要围绕收入差距与不平等展开。斯科特（Scott，2001）从理论上分析了社会资本不平等影响收入不平等的作用机制，认为这种不平等主要是通过资本欠缺和回报欠缺两个渠道形成的。莫格斯和卡特（Mogues and Carter，2005）通过理论分析认为，在初始财富不平等状况和经济两极分化给定的情况下，社会资本的不平等将进一步引发收入或财富不平等。经验研究方面，周晔馨（2012）研究认为由于资本欠缺和回报欠缺对穷人同时存在，社会资本成为拉大农村贫富间收入差距的一个因素。刘一伟和汪润泉（2017）研究发现社会资本能够降低居民发生贫困的概率，同时也能够缓解收入差距对居民贫困的不利影响。谢沁怡（2017）基于CFPS微观数据研究发现，社会资本能够缩小城镇贫困居民与非贫困居民的收入差距。

此外，还有学者从经济增长与收入分配（Dollar and Kraay，2002；万广华和张茵，2006；Benjamin et al.，2011；罗楚亮，2012）、财政与金融政策及其实施（解垩，2017；崔艳娟和孙刚，2012；苏静，2014）、农村社会保障（姚建平，2008；方黎明，2013；张川川等，2015）等方面探讨了致贫影响因素。

上述研究表明，教育人力资本、社会资本等都是缓解农村贫困的重要因素。但是相关研究普遍围绕静态贫困展开，对于两者是在缓解已生贫困还是抑制未生贫困发挥作用还没有进一步的探讨和研究；且贫困维度上主要就收入贫困进行考察。事实上，农户家庭贫困的多维的，多样的，不仅仅表现在收入层面。同时，农户家庭的福利状态在不同时期往往会在贫困与非贫困以及不同贫困维度之间进行转换或延续，如脱贫、陷贫、持续贫困、从不贫困等，这都是典型的动态变化过程。从动态视角描述和测度不同类型和不同程度贫困将更加符合客观现实。那么，动态视角下，教育人力资本、社会资本等诸因素是否依然是导致农村多维贫困动态转换的重要影响因素呢？如果是，它们的作用是体现在抑制非贫困家庭陷入贫困还是促进贫困家庭脱离贫困？抑或两者兼顾？本章拟在前人研究的基础上，就这些问题作出一些有益的回应。

6.2 数据来源与指标选取

6.2.1 数据来源

本章使用的数据来源于中国家庭追踪调查（CFPS）数据库，该数据项目覆盖25个省份，内容涉及社区、家庭、个体三个层面。我们使用的是2010年、2012年和2014年三期CFPS调查数据，数据处理过程中，在对样本进行匹配的同时剔除了重要信息缺失的个案，最终获得5063户农户家庭三期平衡面板有效样本，共涉及63058人次。由于2012年的调查未涉及农户家庭的社会资本情况，本章2012年农户家庭的社会资本测量主要依据2010年的调查数据。鉴于短期内农户家庭社会资本的变动性较弱，这一处理不会影响主要结论。

6.2.2 多维贫困界定与统计

在多维贫困的内涵定义上，以能力贫困为基础，结合邹薇和方迎风（2011）、张全红和周强（2014）等学者的研究，并兼顾数据可得性，构建如表6.1所示三个维度7个指标组成的多维贫困界定标准来衡量农户家庭多维贫困状况。

表6.1 多维贫困界定标准

维度	指标	界定标准	备注
收入贫困	年人均纯收入	农户家庭年人均纯收入低于2300元国内贫困标准	绝对收入贫困标准
	人均日消费	农户家庭人均消费低于联合国每人每天2美元贫困标准	相对收入贫困标准
生活条件贫困	清洁能源使用	家庭做饭燃料以柴草等非清洁能源为主	农户家庭符合任意两项者，视为生活条件贫困
	通电	家庭不通电或者经常断电	
	住房	家庭存在12岁以上子女与父母、12岁以上异性子女、老少三代同住一室、床晚上架起白天拆掉、客厅架床睡觉等任意一种住房困难情况	
	用水	农户家庭做饭不能使用井水、自来水、桶装水、纯净水或过滤水	
	卫生设施	农户家庭不能使用室内外冲水厕所或冲水公厕	
机会贫困	业余学习、非正规教育与培训机会	家中16岁以上成人（上学除外）均没有参加与个人业余爱好、工作、专业等相关的业余学习、非正规教育、培训等人力资本提升机会	

表6.1中各维度贫困具体释义如下：

（1）收入贫困。由于收入贫困线有国家标准和国际标准之分，且是动态变化的。就国家贫困线看，中国目前贫困线以2011年2300元不变价为基准，即2011年确定农村贫困标准为人均纯收入2300元/年。就国际贫困线看，世界银行提出的人均1美元和2美元标准被广泛接受（程名望等，2014）。为此，本章的收入贫困维度采用绝对收入贫困线和相对收入贫困线衡量。将中国官方的收入贫困线定义为绝对收入贫困线，将世界银行提出的发展中国家的中值贫困线即每人每天消费低于2美元贫困标准定义为相对收入贫困线。

（2）生活条件贫困。采用清洁能源使用、通电、住房、用水和卫生设施5个指标进行考察，若农户家庭5个指标中的任意2项符合上述界定条件，即为生活条件贫困。

（3）机会贫困。在机会贫困定义中，我们将家中 16 岁以上成人（上学除外）均没有参加与个人业余爱好、工作、专业等相关的业余学习、非正规教育、培训等人力资本提升机会定义机会贫困。主要基于如下考虑：第一，邹薇和方迎风（2015）研究认为对贫困的认识、测度和治理应该考虑更多的维度，包括平等的教育机会、平等的卫生医疗条件、平等的社会保障安排、平等的获取信息和技术的机会等。龚锋等（2017）研究认为优势和劣势环境群体因努力程度提高而实现的收入增长幅度不同，是不同出生年代机会不平等指数降幅存在明显差异的原因。刘波等（2015）认为机会不平等是近年来我国收入差距居高不下的重要原因。第二，从发展的角度来看，脱贫最主要的是增强贫困人口的各方面能力，激发他们的内生脱贫动力，实现可持续脱贫。而业余学习、非正规教育、培训等人力资本提升机会是提升贫困农民自身发展能力，提高就业机会，激发他们内生脱贫动力的一条重要途径。第三，现有相关研究在衡量教育水平时，均只考虑了贫困人口"在小学、初中、高学、大专、大学等系统的集中的在校学习时间或者阶段"，而未统筹考虑人们"离开学校之后"的业余学习、非正规教育、培训等人力资本提升对脱贫的影响。事实上，通过开展各种就业培训、技能培训或学习促进贫困人口转移就业进而实现脱贫已经是各地的普遍做法。那么系统的在校教育是否会带来更多的后续人力资本提升机会，并进而促进脱贫？这是我们所关心的一点。为此，本章采用这一指标来衡量机会贫困。

在收入、生活条件、机会三个维度的贫困中，若农户家庭符合任意一项，则界定该家庭为一维贫困（轻度贫困）；符合任意两项，则界定为二维贫困（中度贫困）；若三项全部符合，则界定为三维贫困（深度贫困）。

基于以上界定标准，我们分别测度了 2010 年、2012 年和 2014 年样本家庭单维贫困及其动态变化情况（如图 6.1 所示）。考察期间样本家庭绝对收入贫困、相对收入贫困平均发生率分别为 25.12%、49.19%；机会贫困、生活条件贫困平均发生率分别为 57.92%、39.86%。从生活条件贫困的分项指标来看，卫生设施方面的贫困最为严重，贫困发生率高达78.08%；其次是清洁能源使用方面，贫困发生率为 53.05%（如图 6.2 所示）。农户家庭通电、用水和住房方面的贫困状况相对较好，贫困发生率分别为 4.92%、7.76%、12.98%。整体上看，除绝对收入贫困发生率呈现逐年小幅下降趋势之外（从 2010 年的 26.49% 下降到 2014 年的 23.50%），相对收入贫困、生活条件贫困和机会贫困发生率均呈现逐年大幅下降态势，分别从 2010 年的 58.34%、40.05%、67.92% 下降到 2014 年的 42.46%、35.95%、45.27%。生活条件贫困、机会贫困发生率均远远超过了当前国内绝对收入贫困发生率。因而，仅以收入显然无法全面反映贫困家庭的多维福利缺失状态，多维贫困更能反映家庭贫困的本质与内涵。

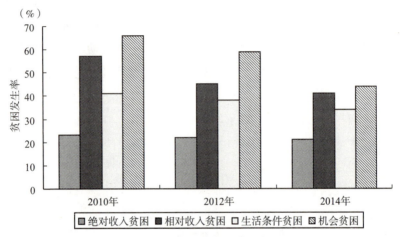

图 6.1　样本家庭单维贫困发生率

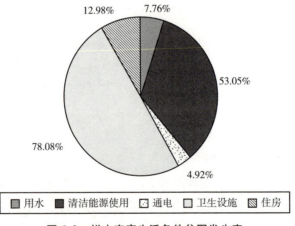

图 6.2　样本家庭生活条件贫困发生率

图 6.3 进一步描述了样本家庭多维贫困情况。其中 2010 年(a)、2012 年(a)、2014 年(a) 与 2010 年(b)、2012 年(b)、2014 年(b) 分别描述的是收入以绝对和相对贫困标准衡量的多维贫困程度。基于收入、生活条件和机会三个考察维度，绝对贫困标准下，样本农户一维、二维、三维贫困平均发生率分别为 39.32%、30.75%、11.95%；相对贫困标准下，分别为 31.25%、33.07%、20.96%。从多维贫困动态变动趋势来看，两种贫困标准下，样本农户一维贫困发生率逐年稳步提高；二维、三维贫困发生率逐年稳步下降。此外，绝对与相对贫困标准下分别有 18.16%、14.62% 的样本家庭不存在任意维度的贫困，为非贫困家庭。

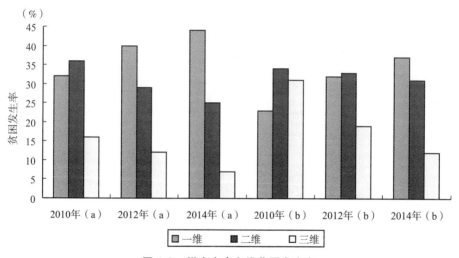

图 6.3 样本家庭多维贫困发生率

6.2.3 变量定义与设置

为了全面分析农户家庭多维贫困动态转换中教育、社会资本等因素的影响，在被解释变量选取上，选取收入贫困转化、生活条件贫困转化、机会贫困转化变量来衡量家庭多维贫困平行转化情况；采取中度贫困转化、深度贫困转化变量来衡量家庭多维贫困梯度转化情况。对于解释变量，在教育程度指标的选择上，参照程名望等（2014）的做法，采用家庭 16 岁以上劳动人口人均受教育年限来衡量。同时，为了比较分析不同教育层次对家庭多维贫困转化的影响，进一步摘取了文盲与半文盲、小学毕业、初中毕业及以上三个教育层次指标。在社会资本指标的选择上，参照周晔馨（2012）等学者的研究，采用亲戚交往次数即农户与社会之间交往联络的频繁程度来衡量，稳健性检验采用家庭人情礼支出作为农户家庭社会资本的替代变量。在劳动力就业转移和政府补助指标选取上，分别采用家庭是否有劳动力外出务工和家庭是否获得政府补助二值变量衡量；此外，从家庭成员健康、户主年龄与婚姻、村庄交通区位和地方经济发展水平等方面构建了系列其他解释变量。除宏观环境变量来自相关年份《中国统计年鉴》之外，其他变量均来自 2010 年、2012 年和 2014 年 CFPS 微观数据库。所有指标变量的定义与设置如表 6.2 所示。

表 6.2　　　　　　　　　　　　　变量定义与设置

一级指标	二级指标	变量标识	变量符号	变量定义
被解释变量	收入贫困转化	收入贫困转化为非收入贫困	$outcmtr$	如果家庭在 $t-1$ 期收入贫困而在 t 期转变为非收入贫困，取值为 1；如果家庭在 $t-1$ 期、t 期均处于收入贫困状态，取值为 0
		非收入贫困转化为收入贫困	$incmtr$	如果家庭在 $t-1$ 期非收入贫困而在 t 期转变为收入贫困，取值为 1；如果家庭在 $t-1$ 期、t 期均处于非收入贫困状态，取值为 0
	生活条件贫困转化	生活条件贫困转化为非生活条件贫困	$outcdtr$	如果家庭在 $t-1$ 期生活条件贫困而在 t 期转变为非生活条件贫困，取值为 1；如果家庭在 $t-1$ 期、t 期均处于生活条件贫困状态，取值为 0
		非生活条件贫困转化为生活条件贫困	$incdtr$	如果家庭在 $t-1$ 期非生活条件贫困而在 t 期转变为生活条件贫困，取值为 1；如果家庭在 $t-1$ 期、t 期均处于非生活条件贫困状态，取值为 0

续表

一级指标	二级指标	变量标识	变量符号	变量定义
被解释变量	机会贫困转化	机会贫困转化为非机会贫困	*outchtr*	如果家庭在 $t-1$ 期机会贫困而在 t 期转变为非机会贫困，取值为 1；如果家庭在 $t-1$ 期、t 期均处于机会贫困状态，取值为 0
		非机会贫困转化为机会贫困	*inchtr*	如果家庭在 $t-1$ 期非机会贫困而在 t 期转变为机会贫困，取值为 1；如果家庭在 $t-1$ 期、t 期均处于非机会贫困状态，取值为 0
	多维贫困程度转化	二维贫困转出	*meantr*	如果家庭在 $t-1$ 期 2 维贫困而在 t 期转变为 1 维或 0 维贫困，取值为 1；如果家庭在 $t-1$ 期、t 期均处于 2 维贫困状态，取值为 0
		三维贫困转出	*deeptr*	如果家庭在 $t-1$ 期 3 维贫困而在 t 期转变为 2 维、1 维或 0 维贫困，取值为 1；如果家庭在 $t-1$ 期、t 期均处于 3 维贫困状态，取值为 0
		非贫困转化为多维贫困	*inmotr*	如果家庭在 $t-1$ 期不贫困（0 维贫困）而在 t 期转变为 1 维、2 维或 3 维贫困，取值为 1；如果家庭在 $t-1$ 期、t 期处于不贫困状态，取值为 0
解释变量	教育	劳均受教育年限	*edum*	家庭 16 岁以上劳动人口人均受教育年限
		小学毕业	*edux*	家庭劳均受教育年限大于等于 6 年设置为 1，小于 6 年设置为 0（以文盲或半文盲作为对照组）
		初中毕业及以上	*educ*	家庭劳均受教育年限大于等于 9 年设置为 1，小于 9 年设置为 0（以小学毕业及以下作为对照组）
	社会资本	人情礼金支出	*scapgft*	农户年人情礼金支出（千元）
		亲戚交往联络	*scaprlt*	家庭平均每月与亲戚家之间一起娱乐、聚餐、赠送食物或礼物、提供帮助、看望、聊天等交往次数
	家庭特征	成员健康	*health*	家庭有成人患慢性病设置为 1，否则设置为 0
		家庭规模	*fmysize*	家庭人口总数（同灶吃饭人数）
		就业转移	*employ*	家庭有人外出工作设置为 1，否则设置为 0
		政府补助	*subsidy*	家庭获得政府补助设置为 1，否则设置为 0
	个体特征	户主年龄	*age*	户主的年龄（岁）
		户主年龄平方	age^2	户主年龄的平方
		户主婚姻	*marry*	户主已婚设置为 1，否则设置为 0

续表

一级指标	二级指标	变量标识	变量符号	变量定义
解释变量	村庄特征	交通基础设施	*infrast*	从本村村委会所在地到最近县城需要的时间
	宏观环境	经济发展水平	*lgdp*	省人均实际 GDP 的对数

表 6.3 进一步给出了发生贫困转化的农户家庭样本情况统计。从中可知，收入、生活条件、机会单维贫困状态发生转化的农户中，脱贫农户占样本数的比重均大约在 12% ~ 26% 之间；陷贫农户占样本数的比重大约在 7% ~ 16% 之间；多维贫困状态发生转化的农户中，脱贫或者贫困程度缓解的农户占样本数的比重大约在 8% ~ 20% 之间；陷贫农户占样本数的比重大约在 3.5% 左右。表明 2010 ~ 2014 年间，脱贫或者贫困缓解的农户远远大于陷入贫困的农户，我国扶贫攻坚取得了积极成效。

表 6.3   **贫困状态发生转化的农户样本情况统计**

二级指标	变量标识	变量符号	农户样本数比重（%）	
			2010 ~ 2012 年	2012 ~ 2014 年
收入贫困转化	收入贫困转化为非收入贫困	*outcmtr*（绝对标准）	16.22	15.05
		outcmtr（相对标准）	25.18	19.81
	非收入贫困转化为收入贫困	*incmtr*（绝对标准）	15.11	13.17
		incmtr（相对标准）	13.59	15.52
生活条件贫困转化	生活条件贫困转化为非生活条件贫困	*outcdtr*	16.53	12.86
	非生活条件贫困转化为生活条件贫困	*incdtr*	7.31	10.49
机会贫困转化	机会贫困转化为非机会贫困	*outchtr*	22.97	26.68
	非机会贫困转化为机会贫困	*inchtr*	15.62	11.38

续表

二级指标	变量标识	变量符号	农户样本数比重（%）	
			2010 ~ 2012 年	2012 ~ 2014 年
多维贫困程度转化	二维贫困转出	*meantr*（收入为绝对贫困标准）	8.30	7.51
		meantr（相对标准）	11.48	9.14
	三维贫困转出	*deeptr*（收入为绝对贫困标准）	17.11	19.73
		deeptr（收入为相对贫困标准）	17.42	18.79
	非贫困转化为多维贫困	*inmotr*	3.87	3.42

6.3 农户多维贫困动态转换实证分析

6.3.1 模型设定

构建如下面板 Logit 模型实证研究农户家庭多维贫困动态转换的影响因素：

$$\text{Logit}(Y_{it}) = \text{Logit}\left(\frac{p}{p-1}\right)$$

$$= \alpha + \beta edu_{i-1,t-1} + \delta scap_{i-1,t-1} + \gamma X_{i-1,t-1} + \varepsilon \quad (6.1)$$

其中，Y 代表因变量，edu、$scap$ 分别代表衡量教育和社会资本的相关核心解释变量，X 代表其他系列解释变量，ε 为随机扰动项。

为了全面分析农户家庭多维贫困转化的影响因素及其差异，分别估计了教育、社会资本等诸因素对农户家庭收入贫困、生活条件贫困和机会贫困转化的影响以及对二维、三维贫困梯度转化的影响。在进行面板 Logit 估计之前，分别通过 LR 检验和 Hausman 检验来选择最优模型。由于针对混合回归与随机效应回归模型选择的 LR 检验在1%、5%或10%不等的显著性水平上均拒绝采用混合模型的原假设；针对随机效应和固定效应模型选择的 Hausman 检验在1%、5%或10%不等的显著性水平上均不能拒绝采用随机效应模型的原假设。表明随机效应模型为最优。因此，本章下文的实证分析均采用随机效应面板 Logit 回归进行。

6.3.2 农户家庭多维贫困平行转换分析

6.3.2.1 收入贫困平行转换分析[①]

为了便于比较，我们分别计算了2300元绝对贫困标准与2美元相对贫困标准下的估计结果，并依次引入教育、社会资本及其两者的交互项，得到8个估计模型。结果如表6.4和表6.5所示，其中模型 A 表示没有纳入教育人力资本与社会资本交互项的计算结果，模型 B 表示纳入教育人力资本与社会资本交互项的计算结果。从中可知：两种贫困标准下，劳动力人均受教育年限对贫困家庭脱离收入贫困都表现出显著的正向效应，而对非贫困家庭陷入收入贫困都显现出显著的负向效应。具体而言，在其他条件不变的情况下，对应于绝对、相对贫困标准，家庭劳动力人均受教育年限每增加1年，收入贫困家庭脱贫的概率将分别增加7%[②]、9%左右；非贫困家庭陷入收入贫困的概率将分别降低11%、14%左右。家庭社会资本对相对收入贫困转化的影响均表现出统计显著性。随着家庭社会资本积累的增加，相对收入贫困家庭脱贫的概率明显增大，非贫困家庭陷入相对收入贫困的概率也明显降低。具体而言，社会资本每增加1个单位，家庭脱离相对收入贫困的概率将增加3%左右，家庭陷入相对收入贫困的概率将下

---

① 贫困平行转化是指同一类型贫困由"非贫困→陷入贫困"和"贫困→脱离贫困"的状态转换情况。

② 根据古扎拉蒂（1996）的机会比率公式计算得到，具体为：由系数值0.0578、0.0769分别计算其 Odds Ratic（OR）值，各自减去1后乘以100%，最后取两者均值得到。

降 3% 左右。其原因，一方面，可能是绝对贫困农户家庭本身社会资本积累有限；另一方面，绝对贫困农户即使拥有良好的社会资本也可能因自身物质资本、人力资本或能力等有限而难以充分有效利用，进而对缓解自身收入贫困的作用有限。这一结论也表明绝对贫困人口的脱贫尤为困难。需要提出的是，劳动力人均受教育年限与社会资本的交互项（edu_scap）均没有表现出统计显著性，表明教育与社会资本的相互作用机制在缓解农户家庭收入贫困上并没有得到有效体现。进一步分析发现，劳动力外出务工能显著增加农户家庭脱离绝对和相对收入贫困的概率，也能显著降低家庭陷入绝对和相对收入贫困概率。随着户主年龄的增长，家庭脱离绝对、相对收入贫困的概率将先上升后下降，呈现倒 U 形特征，而家庭陷入绝对、相对收入贫困的概率正好与此相反，表现为先下降后上升，呈现 U 形特征。成员不健康显著拉低了家庭脱离绝对和相对收入贫困的概率；政府补助对绝对和相对收入贫困的影响均不显著。

表 6.4　　　　　　　　　农户家庭绝对收入贫困平行转化估计结果

变量	脱贫		陷贫	
	模型 A	模型 B	模型 A	模型 B
edum	0.077 *** (0.017)	0.058 *** (0.021)	− 0.112 *** (0.013)	− 0.116 *** (0.017)
scaprlt	0.015 (0.011)	0.009 (0.009)	0.013 (0.009)	0.022 (0.015)
edu_scap	—	0.006 (0.004)	—	0.001 (0.005)
health	− 0.231 ** (0.020)	− 0.227 ** (0.020)	0.047 (0.078)	0.047 (0.078)
fmysize	− 0.005 (0.027)	− 0.006 (0.027)	− 0.022 (0.019)	− 0.022 (0.019)
employ	0.819 *** (0.026)	0.816 *** (0.126)	− 0.570 *** (0.073)	− 0.569 *** (0.073)

续表

变量	脱贫		陷贫	
	模型 A	模型 B	模型 A	模型 B
subsidy	-0.075 (0.079)	-0.080 (0.079)	0.059 (0.062)	0.059 (0.062)
age	0.109 *** (0.026)	0.109 *** (0.026)	-0.124 *** (0.021)	-0.124 *** (0.021)
age^2	-0.001 *** (0.000)	-0.001 *** (0.000)	0.001 *** (0.000)	0.001 *** (0.000)
gender	-0.108 (0.113)	-0.105 (0.113)	-0.094 (0.082)	-0.093 (0.082)
infrast	0.044 (0.033)	0.044 (0.033)	-0.038 ** (0.019)	-0.038 ** (0.019)
lgdp	0.138 *** (0.049)	0.142 *** (0.049)	-0.160 *** (0.030)	-0.160 *** (0.030)
常数项	-3.312 *** (0.708)	-3.042 *** (0.709)	3.236 *** (0.543)	3.255 *** (0.545)
Wald chi2（P-view）	130.470 *** (0.000)	131.630 *** (0.000)	198.950 *** (0.000)	199.030 *** (0.000)
Look-likelihood	-1662.478	-1661.221	-3483.822	-3483.734

注：*** 、** 和 * 分别表示在 1%、5% 和 10% 的水平上显著；括号内为标准差。

表 6.5　　　　　　　农户家庭相对收入贫困平行转化估计结果

变量	脱贫		陷贫	
	模型 A	模型 B	模型 A	模型 B
edum	0.086 *** (0.012)	0.087 *** (0.015)	-0.136 *** (0.017)	-0.157 *** (0.022)
scaprlt	0.028 *** (0.008)	0.029 ** (0.015)	-0.015 ** (0.008)	-0.033 * (0.021)
edu_scap	—	-0.000 (0.002)	—	0.005 (0.003)

续表

变量	脱贫		陷贫	
	模型 A	模型 B	模型 A	模型 B
health	− 0.204 **	− 0.204 **	0.081	0.081
	(0.079)	(0.079)	(0.100)	(0.100)
fmysize	0.008	0.008	− 0.003	− 0.003
	(0.020)	(0.020)	(0.024)	(0.024)
employ	0.754 ***	0.754 ***	− 0.570 ***	− 0.566 ***
	(0.078)	(0.078)	(0.095)	(0.095)
subsidy	− 0.404 ***	− 0.404 ***	0.180	− 0.179
	(0.135)	(0.135)	(0.175)	(0.175)
age	0.149 ***	0.149 ***	− 0.132 ***	− 0.133 ***
	(0.021)	(0.021)	(0.028)	(0.028)
age^2	− 0.002 ***	− 0.002 ***	0.001 ***	0.001 ***
	(0.000)	(0.000)	(0.000)	(0.000)
gender	− 0.213 **	− 0.213 **	− 0.230 **	− 0.093
	(0.083)	(0.083)	(0.102)	(0.082)
infrast	0.016	0.016	0.028	0.028 **
	(0.025)	(0.025)	(0.025)	(0.025)
lgdp	0.140 ***	0.140 ***	− 0.223 ***	− 0.221 ***
	(0.035)	(0.035)	(0.036)	(0.036)
常数项	− 5.272 ***	− 5.274 ***	4.473 ***	4.598 ***
	(0.560)	(0.562)	(0.729)	(0.738)
Wald chi2（P − view）	246.230 ***	246.240 ***	151.930 ***	152.720 ***
	(0.000)	(0.000)	(0.000)	(0.000)
Look-likelihood	− 3412.456	− 3412.454	− 2811.980	− 2810.734

注：*** 、** 和 * 分别表示在 1%、5% 和 10% 的水平上显著；括号内为标准差。

6.3.2.2 生活条件与机会贫困平行转化分析

表 6.6 和表 6.7 给出了诸因素对农户家庭生活条件贫困和机会贫困转化的估计结果。从中可知，劳动力人均受教育年限对家庭脱离生活条件贫

困和机会贫困都表现出显著的正向促进效应，而对非贫困家庭陷入生活条件和机会贫困都表现出显著的负向抑制效应。表明随着劳动力受教育程度的提高，贫困家庭脱离生活条件贫困和机会贫困的概率均明显增大，陷入这两类贫困的概率也均明显降低。从社会资本变量来看，表6.6和表6.7中模型A中估计系数显著为正，表6.6和表6.7模型B中加入教育与社会资本交叉项后的模型估计系数均为正但不显著。表明社会资本积累增加对农户家庭脱离生活条件、机会贫困均具有显著地正向效应，但是还需要进一步验证稳健性。而在抑制家庭陷入生活条件贫困方面，社会资本积累发挥了显著而积极的作用，社会资本积累每提高1个百分点，家庭陷入生活条件贫困的概率将降低8%左右。从表6.7看，社会资本对于防范家庭陷入机会贫困同样具有显著的正向作用，由于引入交叉项后系数不显著，因此稳健性还需要进一步验证。家庭成员增加将显著降低农户脱离生活条件贫困和机会贫困的概率。获得政府补助促进了家庭机会贫困缓解，但某种程度上也加剧了农户陷入生活条件贫困的倾向和动机。

表6.6　　　　　　　　　农户家庭生活条件贫困平行转化估计结果

变量	脱贫		陷贫	
	模型 A	模型 B	模型 A	模型 B
edum	0.100 *** (0.014)	0.097 *** (0.017)	− 0.162 *** (0.024)	− 0.182 *** (0.031)
scaprlt	0.028 *** (0.009)	0.024 (0.016)	− 0.069 *** (0.015)	− 0.098 *** (0.030)
edu_scap	—	0.001 (0.003)	—	0.005 (0.004)
health	0.003 (0.085)	0.227 (0.020)	0.044 (0.138)	0.043 (0.138)
fmysize	− 0.043 ** (0.022)	− 0.043 ** (0.022)	0.016 (0.033)	0.016 (0.033)
employ	0.099 (0.080)	0.100 (0.080)	0.106 (0.124)	0.107 (0.124)

续表

变量	脱贫		陷贫	
	模型 A	模型 B	模型 A	模型 B
subsidy	-0.060 (0.069)	-0.060 (0.069)	0.348 *** (0.106)	0.351 *** (0.105)
age	-0.032 (0.023)	-0.032 (0.023)	0.002 (0.035)	0.002 (0.035)
age^2	0.000 (0.000)	0.000 (0.000)	-0.000 (0.000)	-0.000 (0.000)
gender	-0.136 (0.099)	-0.136 (0.092)	-0.194 (0.132)	-0.191 (0.133)
infrast	-0.275 *** (0.045)	-0.275 *** (0.045)	0.080 ** (0.031)	0.080 *** (0.031)
lgdp	0.169 *** (0.044)	0.170 *** (0.044)	-0.398 *** (0.058)	-0.396 *** (0.058)
常数项	-0.931 (0.596)	-0.919 (0.597)	0.127 (0.891)	0.226 (0.897)
Wald chi2 (P-view)	142.400 *** (0.000)	142.460 *** (0.000)	94.440 *** (0.0000)	95.050 *** (0.000)
Look-likelihood	-3129.245	-3129.190	-2126.246	-2125.622

注: *** 、 ** 和 * 分别表示在 1% 、5% 和 10% 的水平上显著；括号内为标准差。

表 6.7 农户家庭机会贫困平行转化估计结果

变量	脱贫		陷贫	
	模型 A	模型 B	模型 A	模型 B
edum	0.048 *** (0.009)	0.049 *** (0.011)	-0.048 ** (0.023)	-0.040 ** (0.018)
scaprlt	0.015 *** (0.006)	0.016 (0.010)	0.030 ** (0.012)	0.042 (0.032)
edu_scap	—	-0.000 (0.002)	—	-0.002 (0.004)

续表

变量	脱贫		陷贫	
	模型 A	模型 B	模型 A	模型 B
$health$	0.057 (0.060)	0.057 (0.060)	-0.371 *** (0.127)	-0.372 *** (0.127)
$fmysize$	0.024 * (0.015)	0.024 * (0.015)	-0.036 (0.030)	-0.036 (0.031)
$employ$	0.624 *** (0.054)	0.624 *** (0.054)	-0.685 *** (0.120)	-0.685 *** (0.120)
$subsidy$	0.166 *** (0.044)	0.166 *** (0.044)	-0.103 (0.098)	-0.103 (0.098)
age	0.086 *** (0.016)	0.086 *** (0.016)	-0.193 *** (0.037)	-0.193 *** (0.037)
age^2	-0.001 *** (0.000)	-0.001 *** (0.000)	0.002 *** (0.000)	0.002 *** (0.000)
$gender$	-0.154 ** (0.060)	-0.154 ** (0.0560)	0.016 (0.128)	0.016 (0.128)
$infrast$	0.026 * (0.015)	0.026 * (0.015)	0.028 (0.025)	0.005 (0.036)
$lgdp$	0.119 *** (0.023)	0.119 *** (0.023)	0.237 *** (0.050)	0.237 *** (0.050)
常数项	-3.062 *** (0.394)	-5.274 *** (0.562)	4.371 *** (0.925)	4.310 *** (0.936)
Wald chi2 (P – view)	390.130 *** (0.000)	390.120 *** (0.000)	111.810 *** (0.000)	111.740 *** (0.000)
Look-likelihood	-4118.984	-4118.972	-2269.922	-2269.836

注：***、** 和 * 分别表示在 1%、5% 和 10% 的水平上显著；括号内为标准差。

6.3.3 农户家庭多维贫困梯度转换分析

上文分析了农户家庭收入、生活条件、机会三种不同类型贫困各自平行转化的影响因素。然而现实中有不少农户家庭处于多维贫困交织状态。为此,进一步分析教育、社会资本等诸因素对农户家庭多维贫困梯度转换的影响及其差异①。

表 6.8 和表 6.9 分别给出了诸因素对农户家庭二维、三维贫困缓解的影响以及对非贫困家庭陷入多维贫困的影响。我们同样区分了绝对与相对收入贫困组合下的不同多维贫困转化情形。从中可知,两种标准组合下,劳动力人均受教育程度提高将显著提高家庭脱离多维贫困的概率,也将显著降低非贫困家庭陷入不同组合多维贫困的概率。社会资本对包含绝对收入贫困在内的二维、三维贫困缓解的影响均不显著,对包含相对收入贫困的二维、三维贫困缓解的影响总体上均正向显著;对非贫困家庭陷入多维贫困的影响均不显著。表明社会资本积累增加将显著提高相对收入贫困标准下的家庭多维贫困缓解的概率,而对绝对收入贫困家庭的多维减贫以及抑制非贫困家庭陷入多维贫困均未能发挥积极效应。也进一步验证了上文相关结论的稳健性。值得提出的是,相对收入贫困标准下,教育与社会资本的交互项对家庭二维、三维贫困缓解的影响均表现出正向统计显著性,表明教育与社会资本的交互效应提高了家庭脱离多维贫困的概率,两者表现出一种相互强化的互补关系。成员外出务工将显著增加二维和三维贫困家庭贫困缓解的概率,也将显著降低非贫困家庭陷入多维贫困的概率。村庄区位对农户家庭多维贫困转出的影响正向显著,对农户家庭多维贫困转入的影响负向显著;户主年龄对农户家庭多维贫困的影响与其对收入贫困的影响效应基本保持一致。

---

① 贫困梯度转化是指不同维度(零维、一维、二维、三维)贫困之间的"高维→低维"和"低维→高维"的转化情况。

表6.8 农户家庭二维贫困转出（贫困缓解）估计结果

变量	绝对收入贫困标准		相对收入贫困标准	
	模型 A	模型 B	模型 A	模型 B
edum	0.076 *** （0.012）	0.052 *** （0.015）	0.090 *** （0.012）	0.086 *** （0.015）
scaprlt	0.038 （0.028）	0.015 （0.014）	0.031 *** （0.007）	0.026 * （0.015）
edu_scap	—	0.001 （0.002）	—	0.007 *** （0.003）
health	− 0.089 （0.080）	− 0.083 （0.080）	− 0.006 （0.079）	− 0.005 （0.079）
fmysize	0.025 （0.020）	0.025 （0.020）	0.019 （0.019）	0.019 （0.020）
employ	0.510 *** （0.073）	0.515 *** （0.073）	0.624 *** （0.072）	0.624 *** （0.072）
subsidy	− 0.069 （0.059）	− 0.074 （0.059）	− 0.150 ** （0.060）	− 0.149 ** （0.060）
age	0.050 ** （0.020）	0.051 ** （0.020）	0.072 *** （0.021）	0.076 *** （0.021）
age^2	− 0.001 *** （0.0000）	− 0.001 *** （0.000）	− 0.001 *** （0.000）	− 0.001 *** （0.000）
gender	− 0.231 *** （0.082）	− 0.227 *** （0.082）	− 0.197 ** （0.080）	− 0.197 ** （0.080）
infrast	0.058 ** （0.028）	0.056 ** （0.027）	0.047 * （0.028）	0.046 * （0.028）
lgdp	0.017 （0.033）	0.019 （0.033）	0.046 （0.031）	0.046 （0.031）
常数项	− 2.074 *** （0.521）	− 1.991 *** （0.522）	− 3.197 *** （0.534）	− 3.180 *** （0.535）
Wald chi2（P－view）	170.120 *** （0.000）	174.260 *** （0.000）	209.870 *** （0.000）	210.000 *** （0.000）
Look-likelihood	− 2232.531	− 2228.697	− 2269.919	− 2269.812

注：*** 、** 和 * 分别表示在 1%、5% 和 10% 的水平上显著；括号内为标准差。

表6.9 农户家庭三维贫困转出和非贫困转入估计结果

变量	三维贫困转出（贫困缓解）				非贫困转入多维贫困（入贫）	
	绝对收入贫困标准		相对收入贫困标准			
	模型 A	模型 B	模型 A	模型 B	模型 A	模型 B
edum	0. 109 *** (0. 023)	0. 088 *** (0. 029)	0. 092 *** (0. 015)	0. 069 *** (0. 018)	− 0. 141 *** (0. 026)	− 0. 161 *** (0. 037)
scaprlt	− 0. 008 (0. 015)	− 0. 025 (0. 020)	0. 026 ** (0. 010)	0. 001 (0. 015)	0. 016 (0. 013)	− 0. 013 (0. 039)
edu_scap	—	0. 007 (0. 006)	—	0. 008 ** (0. 005)	—	0. 004 (0. 005)
health	0. 095 (0. 136)	0. 097 (0. 137)	− 0. 102 (0. 094)	− 0. 098 (0. 095)	− 0. 092 (0. 139)	− 0. 091 (0. 139)
fmysize	− 0. 037 (0. 035)	− 0. 037 (0. 035)	− 0. 013 (0. 024)	− 0. 012 (0. 024)	− 0. 004 (0. 033)	− 0. 004 (0. 033)
employ	0. 721 *** (0. 178)	0. 709 *** (0. 179)	0. 537 *** (0. 101)	0. 532 *** (0. 101)	− 0. 584 *** (0. 140)	− 0. 585 *** (0. 140)
subsidy	0. 083 (0. 101)	0. 075 (0. 101)	− 0. 034 (0. 070)	− 0. 040 (0. 070)	− 0. 092 (0. 111)	− 0. 092 (0. 111)
age	0. 113 *** (0. 031)	0. 113 *** (0. 031)	0. 108 *** (0. 023)	0. 109 *** (0. 023)	− 0. 122 *** (0. 040)	− 0. 123 *** (0. 040)
age^2	− 0. 001 *** (0. 000)	− 0. 001 *** (0. 000)	− 0. 001 *** (0. 000)	− 0. 001 *** (0. 000)	0. 001 *** (0. 000)	0. 001 *** (0. 000)
gender	− 0. 056 (0. 151)	− 0. 060 (0. 151)	− 0. 179 * (0. 106)	− 0. 183 * (0. 106)	− 0. 095 (0. 138)	− 0. 097 (0. 137)
infrast	0. 145 *** (0. 042)	0. 146 *** (0. 041)	0. 127 *** (0. 033)	0. 127 *** (0. 032)	− 0. 116 * (0. 065)	− 0. 116 * (0. 066)
lgdp	− 0. 072 (0. 067)	− 0. 068 (0. 067)	− 0. 094 ** (0. 046)	− 0. 091 ** (0. 046)	− 0. 098 ** (0. 041)	− 0. 098 ** (0. 041)
常数项	− 1. 776 ** (0. 874)	− 1. 718 ** (0. 873)	− 1. 896 *** (0. 630)	− 1. 848 *** (0. 649)	5. 227 ** (1. 071)	5. 395 *** (1. 094)
Wald chi2 (P − view)	112. 580 *** (0. 000)	198. 000 *** (0. 000)	198. 000 *** (0. 000)	199. 670 *** (0. 000)	67. 140 *** (0. 000)	67. 780 *** (0. 000)
Look-likelihood	− 785. 837	− 785. 086	− 1560. 438	− 1557. 966	− 1051. 534	− 1051. 231

注：*** 、** 和 * 分别表示在1%、5%和10%的水平上显著；括号内为标准差。

6.4 稳健性检验与结论

6.4.1 稳健性检验

进一步采用逐一替代变量法进行稳健性检验，由于变量比较多，本章仅以教育人力资本和社会资本两个变量为例进行分析。具体操作如下：第一，采用劳均受教育层次作为核心解释变量劳均受教育年限的替代变量，将教育层次分为文盲和半文盲、小学、初中及以上三个不同的教育层次，分别以文盲和半文盲层次、小学层次为对照组估计小学、初中及以上教育层次对家庭多维贫困转化的影响；第二，采用人情礼金支出替代交往频繁程度作为核心解释变量家庭社会资本的替代变量，重新估计模型；第三，将两个核心解释变量的替代变量同时纳入模型进行估计。限于篇幅，仅给出第三种检验方式的部分结果，如表 6.10 所示，其中模型 C 表示采用劳均受教育年限是否大于 6 年（是 = 1，否 = 0）作为替代变量计算得到的结果，模型 D 表示采用劳均受教育年限是否大于 9 年（是 = 1，否 = 0）作为替代变量计算得到的结果。

从表 6.10 可知，受教育层次对家庭贫困转化的影响均表现出统计显著性，劳均受教育层次提高将显著提高家庭脱离三种类型贫困的概率以及脱离不同程度多维贫困概率，也将显著降低家庭陷入上述诸类贫困的概率。从平行转化来看，相对于文盲和半文盲层次家庭，小学层次家庭脱离绝对收入贫困、相对收入贫困、生活条件贫困和机会贫困的概率将分别提高 47.12%、48.07%、72.68%、25.10%，陷入上述贫困的概率将分别下降 39.88%、47.87%、55.05%、5.52%。相对于小学毕业层次家庭而言，初中及以上层次家庭脱离上述贫困的概率将分别提高 41.12%、41.41%、69.14%、36.91%，陷入上述贫困的概率将分别降低 37.21%、35.93%、49.39%、16.14%。从多维贫困梯度转化来看，在收入按照绝对贫困标准计

表6.10　稳健性检验结果

变量	对绝对收入贫困转化的影响				对相对收入贫困转化的影响			
	脱贫		陷贫		脱贫		陷贫	
	模型 C	模型 D	模型 C	模型 D	模型 C	模型 D	模型 C	模型 D
edux	0.386*** (0.115)	—	-0.509*** (0.076)	—	0.393*** (0.077)	—	-0.651*** (0.099)	—
educ	—	0.344*** (0.172)	—	-0.4653*** (0.0982)	—	0.3880*** (0.1075)	—	-0.4452*** (0.1143)
scapgft	0.007 (0.016)	0.009 (0.016)	-0.017 (0.017)	-0.018 (0.011)	0.037*** (0.013)	0.038*** (0.013)	-0.012*** (0.012)	-0.013 (0.012)
控制变量	控制	控制	控制	控制	控制	控制	控制	控制
Wald chi2 (P-view)	118.150*** (0.000)	111.610*** (0.000)	190.220*** (0.000)	177.960*** (0.000)	230.780*** (0.000)	221.130*** (0.000)	142.950*** (0.000)	125.070*** (0.000)
Look-likelihood	-1665.129	-1668.763	-3507.048	-3519.652	-3428.6123	-3435.066	-2826.648	-2842.349

变量	对生活条件贫困转化的影响				对机会贫困转化的影响			
	脱贫		陷贫		脱贫		陷贫	
	模型 C	模型 D	模型 C	模型 D	模型 C	模型 D	模型 C	模型 D
edux	0.546*** (0.091)	—	-0.799*** (0.133)	—	0.224*** (0.055)	—	-0.057 (0.127)	—
educ	—	0.526*** (0.121)	—	-0.681*** (0.148)	—	0.314*** (0.074)	—	-0.164 (0.135)

续表

变量	对生活条件贫困转化的影响				对机会贫困转化的影响			
	脱贫		陷贫		脱贫		陷贫	
	模型 C	模型 D	模型 C	模型 D	模型 C	模型 D	模型 C	模型 D
scapgft	0.023 ** (0.012)	0.025 ** (0.012)	−0.066 *** (0.020)	−0.070 *** (0.020)	0.014 * (0.008)	0.014 * (0.008)	0.014 (0.015)	−0.014 (0.015)
控制变量	控制	控制	控制	控制	控制	控制	控制	控制
Wald chi2 (P−view)	119.040 *** (0.000)	108.160 *** (0.000)	94.940 *** (0.000)	89.330 *** (0.000)	371.470 *** (0.000)	372.990 *** (0.000)	116.540 *** (0.000)	117.360 *** (0.000)
Look-likelihood	−3141.098	−3150.883	−2144.479	−2153.763	−4129.411	−4128.762	−2266.270	−2265.629

变量	二维贫困转出（缓解）				三维贫困转出（缓解）				非贫困转入多维贫困（陷贫）	
	绝对收入贫困标准		相对收入贫困标准		绝对收入贫困标准		相对收入贫困标准		模型 C	模型 D
edux	0.379 *** (0.077)	—	0.399 *** (0.072)	—	0.518 *** (0.170)	—	0.4772 *** (0.1068)	—	−0.6179 *** (0.1583)	—
educ	—	0.416 *** (0.108)	—	0.502 *** (0.097)	—	0.784 *** (0.335)	—	0.736 *** (0.1945)	—	−0.460 *** (0.136)
scapgft	0.010 (0.011)	0.010 (0.011)	0.063 * (0.035)	0.109 *** (0.035)	0.003 (0.010)	0.003 (0.009)	0.082 *** (0.022)	0.085 *** (0.022)	−0.020 (0.017)	−0.022 (0.017)
Wald chi2 (P−view)	105.520 *** (0.0000)	99.320 *** (0.0000)	167.770 *** (0.0000)	164.400 *** (0.0000)	99.230 *** (0.0000)	95.890 *** (0.0000)	166.450 *** (0.0000)	160.530 *** (0.0000)	67.140 *** (0.0000)	54.550 *** (0.0000)
Look-likelihood	−2252.450	−2257.590	−2294.998	−2296.729	−778.762	−785.086	−1548.828	−1551.099	−1051.534	−1060.678

注：***、** 和 * 分别表示在 1%、5% 和 10% 的水平上显著；括号内为标准差。

量下，相对于文盲与半文盲层次家庭而言，小学层次家庭二维贫困缓解的概率将提高 46.13%（相对标准下为 49.06%）、三维贫困缓解的概率将提高 67.92%（相对标准下为 161.15%）；相对于小学毕业层次家庭而言，初中及以上层次家庭二维贫困缓解的概率将提高 51.59%（相对标准下为 65.26%），三维贫困缓解的概率将增加 118.93%（相对标准下为 108.81%）。同时，小学、初中及以上层次非贫困家庭陷入多维贫困的概率将分别降低 46.20%、36.90%。社会资本对家庭绝对收入贫困转化的影响依然不显著，对家庭相对收入贫困转化、生活条件贫困转化和机会贫困转化的影响均统计显著。表明社会资本积累增加将显著提高家庭脱离相对收入贫困、生活条件贫困、机会贫困以及二维贫困（相对收入标准）概率，也将显著降低家庭陷入相对收入贫困和生活条件贫困的概率。验证了前文结论的稳健性，而对于家庭机会贫困转化的影响还有待进一步论证。此外，引入替代变量交互项的稳健性检验结果表明教育与社会资本的交互项对家庭陷入机会贫困的影响负向显著，对家庭脱离二维贫困（相对收入贫困标准）的影响正向显著。意味着稳健性检验没有改变本章第三部分关于教育、社会资本对农户家庭多维贫困影响的主要结论。表明结论是稳健的。

6.4.2 结论与启示

本章利用 2010 年、2012 年和 2014 年 CFPS 微观面板数据，采用二值面板 Logit 模型分析了农户家庭多维贫困动态转换的影响因素及其异质性。研究结果显示：教育人力资本、社会资本、劳动力就业转移、政府补助、村庄区位交通、户主年龄等都不同程度影响农户家庭多维贫困动态转化。劳动力人均受教育程度提高将显著增加农户家庭脱离收入、生活条件、机会贫困的概率以及家庭多维贫困缓解的概率，显著降低家庭陷入上述诸类贫困的概率。社会资本积累增加将显著增加家庭脱离相对收入贫困、生活条件贫困和机会贫困的概率，也将增加家庭二维贫困缓解的概率，同时显著降低家庭陷入相对收入贫困和生活条件贫困的概率。教育与社会资本的交互项仅对家庭二维贫困（收入为相对标准）缓解显示出正向统计显著性。成员外出务工将显著增加农户家庭脱离绝对和相对收入贫困的概率以及二维和三维贫困家庭贫困缓解的概率，也将显著降低非贫困家庭陷入绝对和相对收入贫困以及多维贫困的概率。成员不健康显著拉低了家庭脱离绝对和相对收入贫困的概率。获得政府补助促进了家庭机会贫困缓解，但某种程度上也加剧了农户陷入生活条件贫困的倾向和动机。家庭成员增加将显著降低农户脱离生活条件贫困和机会贫困的概率。随着户主年龄的增长，家庭脱离绝对、相对收入贫困和多维贫困的概率将先上升后下降，呈现倒 U 形特征，而家庭陷入绝对、相对收入贫困和多维贫困的概率正好与此相反，表现为先下降后上升，呈现 U 形特征。此外，村庄区位和地区经济发展水平也不同程度影响农户家庭多维贫困动态转换。

上述结论给予我们有益的政策启示。第一，政府未来的扶贫政策应该由单维度的收入扶贫转向多维治贫，既要重视对已生贫困家庭的精准帮扶，也要注重对非贫困家庭陷入贫困的风险防范。一方面，要结合贫困家庭自身特征与资源禀赋差异，根据家庭贫困类型、程度、表现的不同而进行分类干预和分类扶助；另一方面，同要建立风险防范机制，对可能陷入贫困的边缘性家庭进行提前识别与干预，提升防贫治贫针对性与实效性。第二，在具体政策取向上，应该充分挖掘教育所内隐的多样化的扶贫价值，完善农村地区教育资助制度，积极拓展教育扶贫渠道与路径，提供契合不同贫困家庭具体需要的教育扶持政策。如提高贫困家庭义务免费教育覆盖层次，尝试推进贫困家庭高中层次即 12 年义务教育普及。提高贫困家庭子女教育资助标准，拓展教育补助范围，切实减轻贫困家庭教育负担，切断家庭贫困的代际传递，从根本上破除贫困地区教育发展障碍。同时，应该完善贫困家庭社会资本识别、测度与评估工作，将社会资本纳入家庭贫困识别与贫困扶持范畴，通过对口支援、对口帮扶等措施拓展绝对贫困家庭社会资本积累渠道，提高绝对贫困家庭社会资本积累量与回报率。第三，应完善农村地区政府贫困补助机制，建立健全政府各类贫困补助的监督机制与效果评估机制。第四，进一步采取措施有效推进贫困家庭劳动力就业转移与城乡流动，促进他们职业与身份的双重转变也是缓解家庭多维贫困的有效路径。

第 7 章

农村金融与社会资本的多维减贫效应分析

本章在对农户家庭福利状态进行区分的基础上，结合中国家庭追踪调查（CFPS）微观面板数据和 Logit 模型实证分析社会资本与农村金融对农户家庭多维贫困转化的影响效应与交互影响机制。研究结果表明：社会资本正向促进家庭脱离收入贫困与能力提升机会贫困，负向抑制家庭陷入两类贫困。非正规金融正向促进家庭脱离健康贫困和多维贫困，负向抑制家庭陷入收入贫困与多维贫困；而正规金融正向促进家庭脱离收入贫困与能力提升机会贫困，负向抑制家庭陷入收入贫困。社会资本与农村金融交互影响农户家庭多维贫困转化，社会资本的增强不仅强化了非正规金融促进家庭脱离收入贫困的正向效应与抑制家庭陷入健康贫困的负向效应，同时也进一步强化了正规金融促进家庭收入贫困缓解的正向效应。在社会资本作用下，非正规金融促进农户家庭脱离收入贫困的作用更强，而正规金融抑制农户家庭陷入收入贫困的作用更加明显。

7.1　问题的提出与研究假说

7.1.1　问题的提出

随着扶贫攻坚战略的深入推进，农户家庭贫困的动态性特征更趋明显，脱离贫困与陷入贫困两种反向过程同时并存（徐戈等，2019）。我国农村正规金融体系不健全，正规金融抑制现象普遍（苏静等，2017），建立在借贷双方血缘、地缘、业缘等关系之上的非正规金融作为正规金融的补充而广泛存在（刘西川等，2014；殷浩栋等，2018），其对农村反贫困的作用也受到社会各界的广泛关注。同时，已有研究认为，社会资本是农村金融市场运行中不可忽视的重要影响因素（Guiso et al.，2004）。在我国农村传统的人情关系社会里，非正规金融对农户家庭贫困的影响可能会受到农户特定社会关系、社会网络等非正规机制的干预（卢娟和李斌，2018）。那么，现实中社会资本、正规金融、非正规金融如何影响农户家庭多维贫困转化？社会资本是否对正规金融抑或非正规金融的减贫效应产生影响？进一步，社会资本作用下正规与非正规金融的减贫效应是进一步强化还是弱化？已有相关研究从不同侧面对上述问题给出了一定的解释与回应，但是还存在如下不足：其一，关于社会资本对多维贫困的影响还没有形成共识；关于社会资本、正规与非正规金融如何共同影响农户家庭多维贫困转化的研究还比较薄弱。其二，已有相关研究在识别贫困时主要聚焦于已经发生的静态贫困与单维收入贫困，忽略了家户不同贫困状态的区分以及动态转化的事实。本研究以森（1976）的能力贫困论为基础，在从动态视角识别和测度农户多维贫困及其状态转化的基础上，在统一框架下系统研究社会资本、正规与非正规金融对农户家庭多维贫困转化的影响效应与影响机制，以期能够全面性地对上述问题做出更加科学的解释与回应。

7.1.2　研究述评与相关假说

关于社会资本与农村贫困关系的诸多研究中，大部分学者得出了"社会资本是穷人的资本"的结论。一方面，社会资本作为农户在行动中获取和使用的嵌入在特定社会网络中的资源（Lin，2001），能够丰富信息来源途径、增进社会网络成员之间的情感交流，促进网络成员之间的互动、互信、互助与互惠，并通过声望与制约机制，实现对社会网络中的稀缺资源进行分配（卢娟和李斌，2018；徐戈等，2019）。通过提供创造收入的能力与机会（赵剑治等，2010；刘一伟和汪润泉，2017）、提高公共服务水平（蔡起华和朱玉春，2015）、改善社会经济地位（Akerlof and Kranton，2000；叶静怡和周晔馨，2010）等机制与渠道改善收入不平等程度，进而促进贫困缓解。另一方面，社会资本作为一种非正式规避风险渠道（徐戈登，2019），在正式制度缺失的情况下，能够发挥正式保险制度的效应和"风险分担"功能（Bloch et al.，2008；Ambrus et al.，2014），有效缓解风险对贫困农户的冲击以平滑消费，进而降低贫困脆弱性（Munshi and Rosenzweig，2009）。此外，王恒彦等（2013）进一步指出，社会资本具有不同的维度与表现形式，其对于不同类型贫困所起的作用存在差异。基于此，提出如下假说 1：

假说 1：社会资本正向促进贫困家庭脱贫，负向抑制非贫困家庭陷贫，但是对家庭不同维度贫困转化的影响存在差异。

关于农村正规金融、非正规金融与贫困关系的研究由来已久。大部分研究认为以生产性借贷为主的正规金融具有减贫增收的功能和作用（王汉杰等，2018）。生产性借贷有助于对农户形成生产激励，通过改变农户家庭初始禀赋，优化其生产要素投入，帮助其扩大再生产和应对农业生产的不稳定性，进而促进农户收入增长。然而，由于建立在制度信任及其抵押门槛基础上的正规金融难以克服农村金融市场信息不对称和交易费用高昂等问题，正规信贷投放一定程度上存在"嫌贫爱富"与"精英俘获"倾向（贺立龙等，2018；温涛等，2016），加之正规金融扶贫"生产性借贷"的主导性，农户特别是贫困农户的生活性借贷需求往往遭受严重的信贷配给（刘西川和程恩江，2009）。这将导致正规金融对于农户生活条件改善、能力提升机会获得等其他维度贫困缓解的作用有限。为此，提出假说 2 和假说 3：

假说 2：农村正规金融正向促进贫困家庭脱离收入贫困，负向抑制非贫困家庭陷入收入贫困。

假说 3：农村正规金融对家庭不同维度贫困转化的影响存在异质性。

建立在关系信任基础上的非正规金融因更具包容性而对农户贫困缓

解的作用呈现一定的差异性。农村非正规借贷主要包括用于婚丧嫁娶等生活消费用途和人力资本投资的零息互助性借贷以及用于生产投资和创业经营的付息商业性借贷两种形式（张宁等，2014）。它是以未来相反的偿付义务来平衡当期的资源转移（吴本健等，2014），借贷双方构成平衡互惠关系。其以低成本的信息搜索优势、软性的借贷条件和灵活的交易方式有效满足农户的日常融资需求（Cull et al.，2015）。使得具有企业家才能和创新精神但囿于较低物质财富积累以及被正规金融排斥的农户家庭在发现投资项目和营利性创业机会时可以进行创业（Kinnan and Townsend，2011；李祎雯和张兵，2018），进而促进农户家庭财富积累和福利水平改善。因而，非正规金融不仅能够促进已有贫困农户家庭脱离贫困，而且能够分散并降低非贫困家庭陷入贫困的风险与概率。为此，提出假说4：

假说4：农村非正规金融正向促进贫困家庭脱贫，负向抑制非贫困家庭陷贫，但是对不同维度贫困转化的影响存在差异。

作为农村金融市场不可忽视的重要影响因素，社会资本通过农村金融渠道而对家庭贫困产生影响的交互机制同样被予以高度关注。部分学者研究了社会资本对农村金融减贫的促进机理。一方面，社会资本通过其所特有的信任机制、声誉机制和规范机制作用于金融减贫（孙永苑等，2016）。相互信任的社会网络关系（即信任机制）以其隐性抵押的方式替代了实物抵押，提高了贫困农户信贷可得性（Biggart and Castanias，2001）；声誉机制作为信任的保证，能够促进信任与合作，提高了借贷双方保持并履行借贷、还贷承诺的意愿和能力（谭燕芝和张子豪，2017）；而规范机制作为正规制裁、惩罚制度的替代，通过破解"囚徒困境"，降低了拖欠、违约甚至欺骗等机会主义行为，确保了农村金融市场的稳定与借贷的可持续（陈硕，2014）。另一方面，社会资本通过影响农户借贷行为进而作用于金融减贫。社会资本网络关联发挥出来的甄别、激励与监督等作用（杨汝岱等，2011），有效缓解了信贷市场上的信息不对称问题，使得信贷成本和信贷门槛大幅降低，进而刺激了缺少抵押品的贫困农户借贷活动的产生与进行（胡枫和陈玉宇，2012）。杨汝岱等（2011）

研究发现，社会网络越发达的农户，民间借贷行为越活跃，社会网络是农户平衡现金流、弱化流动性约束的重要手段。杨明婉等（2018）研究发现，社会资本通过家庭经济、自然、人力等资本的综合作用正向显著促进贫困农户的借贷行为。吴本健等（2019）研究发现，社会资本越丰富的低收入家庭越趋向于选择非正规借贷来分担风险，并且家庭选择非正规借贷的风险分担方式给其带来的效用越大。基于此，提出假说 5 和假说 6：

假说 5：社会资本与农村金融交互影响农户家庭多维贫困转化。

假说 6：社会资本能够强化农村金融对农户贫困缓解的正向效应，但是其与正规金融、非正规金融的交互效应及其对同类型贫困转化的影响存在差异。

上述假说是否成立呢，下面进行实证检验。

7.2 数据、变量与模型

7.2.1 数据来源

本节实证数据来源于中国家庭追踪调查（CFPS）的农户家庭数据。在数据处理上，我们首先剔除了无效和漏缺样本，然后就 2012 年、2014 年和 2016 年三期均参与调查的家户样本进行了跟踪匹配，最终得到包含 4869 个农户家庭的三期可用样本量。其中，东部地区 1269 户（26.06%）、中部地区 1285 户（26.39%），西部地区 1702 户（34.96%），东北部地区 613 户（12.59%）。

7.2.2　变量定义与设置

7.2.2.1　被解释变量

选取收入贫困转出与转入（y_{11} 和 y_{12}）、健康贫困转出与转入（y_{21} 和 y_{22}）、能力提升机会贫困转出与转入（y_{31} 和 y_{32}）、多维贫困转出与转入（y_{41} 和 y_{42}）共 8 个动态指标来衡量家庭多维贫困转化情况。贫困转化定义域内涵与上一章类似。对于单维贫困转出，若 $t-1$ 至 t 期家庭由收入/健康/能力提升机会贫困转变为非收入/非健康/非能力提升机会贫困，取值为 1；若两期均为同一贫困状态，取值为 0。对于单维贫困转入，若 $t-1$ 至 t 期家庭由非收入/非健康/非能力提升机会贫困转变为收入/健康/能力提升机会贫困，取值为 1；若两期均为同一非贫困状态，取值为 0。对于多维贫困缓解，若 $t-1$ 至 t 期家庭贫困维度降低设置为 1，贫困维度相同设置为 0；对于多维贫困加深，若家庭 $t-1$ 期 0 维、1 维或 2 维贫困，而 t 期贫困维度进一步增加，设置为 1，若两期贫困维度相同设置为 0。

7.2.2.2　解释变量

非正规金融指标选择上，参照贺立龙等（2018）等学者的研究，采用家庭是否从亲戚朋友、民间组织等非正规金融渠道获得贷款（*freborrow*）来衡量，稳健性检验中采用家庭从亲戚朋友、民间组织等非正规金融渠道获得的贷款总额的对数（*folktotal*）作为非正规金融的替代变量。正规金融指标选择上，采用家庭是否从银行、信用社等正规金融机构获得贷款（*bankloan*）来衡量，稳健性检验中采用家庭从银行、信用社等正规金融渠道获得的贷款总额的对数（*banktotal*）作为正规金融的替代变量。家庭社会资本指标选择上，参照刘一伟和汪润泉（2017）等学者的研究，采用家庭年人情礼总额的对数（ln*gift*）衡量社会资本，稳健性检验中采用农户与亲戚或朋友一起娱乐、聚餐、提供帮助、看望等交往次数即交往联络的频繁程度（*relative*）作为社会资本的替代变量。

7.2.2.3 控制变量

从家庭特征、户主特征、村庄特征和宏观环境等方面构建了系列控制变量。主要包括：家庭土地状况（家庭将土地出租他人设置为 1，否则为 0）、家庭赡养比（老年人占家庭人口比重）、户主职业（户主务农设置为 1，否则为 0）、家庭劳动里就业转移情况（家庭有劳动力外出就业设置为 1，否则为 0）、家庭成员受教育水平（家庭成员最高受教育年限）、村庄类型（村庄为少数民族聚集区设置为 1，否则为 0）、地区经济发展水平（所在省份人均实际 GDP 的对数）。除宏观环境变量来自相关年份《中国统计年鉴》之外，其他变量均来自 2012 年、2014 年和 2016 年 CFPS 微观数据库。所有指标变量的描述性统计如表 7.1 所示。

表 7.1 　　　　　　　　　　　　**变量及其描述性统计**

	变量	符号	说明与赋值	均值	标准差
被解释变量	脱离收入贫困	y_{11}	是 =1，否 =0	0.135	0.342
	陷入收入贫困	y_{12}	是 =1，否 =0	0.111	0.314
	脱离健康贫困	y_{21}	是 =1，否 =0	0.103	0.303
	陷入健康贫困	y_{22}	是 =1，否 =0	0.107	0.309
	脱离机会贫困	y_{31}	是 =1，否 =0	0.190	0.392
	陷入机会贫困	y_{32}	是 =1，否 =0	0.045	0.208
	多维贫困缓解	y_{41}	是 =1，否 =0	0.306	0.461
	多维贫困加深	y_{42}	是 =1，否 =0	0.187	0.390
解释变量	非正规金融	folkloan	有非正规金融借贷 =1，否则 =0	0.286	0.452
	正规金融	bankloan	有正规金融借贷 =1，否则 =0	0.098	0.298
	社会资本	lngift	人情礼金支出的对数	7.498	1.169
控制变量	劳动力就业转移	lamob	家庭有劳动力就业转移 =1，没有 =0	0.565	0.496
	教育水平	edumax	家庭成人最高受教育年限	8.610	4.225
	家庭土地状况	leasland	家庭将土地出租人 =1，否 =0	0.095	0.293
	赡养比	olderb	老年人占家庭人口比重	0.109	0.244

	变量	符号	说明与赋值	均值	标准差
控制变量	户主职业	*holdfarm*	户主务农＝1，否＝0	0.739	0.439
	村庄特征	*nation*	少数民族聚集区＝1，否＝0	0.143	0.350
	地区经济水平	*lgdp*	所在省域人均 GDP 的对数	2.987	1.274

7.2.3 模型设定

为了实证检验社会资本、正规与非正规金融对农户家庭多维贫困转化的影响效应，考虑到被解释变量为二值变量的情况，构建如下面板 Logit 模型进行实证分析：

$$\text{Logit}(y_{it}) = \alpha + \beta \ln gift_{i-1,t-1} + \tau X_{i-1,t-1} + \varepsilon \qquad (7.1)$$

$$\text{Logit}(y_{it}) = \alpha + \theta folkloan_{i-1,t-1} + \psi bankloan_{i-1,t-1} + \tau X_{i-1,t-1} + \varepsilon \quad (7.2)$$

$$\text{Logit}(y_{it}) = \alpha + \beta \ln gift_{i-1,t-1} + \theta folkloan_{i-1,t-1} + \psi bankloan_{i-1,t-1} + \varphi \ln gift_{i-1,t-1}$$
$$\times folkloan_{i-1,t-1} + \gamma \ln gift_{i-1,t-1} \times bankloan_{i-1,t-1} + \tau X_{i-1,t-1} + \varepsilon$$
$$(7.3)$$

其中，式（7.1）为社会资本对农户家庭多维贫困转化的影响方程；式（7.2）为农村金融对农户家庭多维贫困转化的影响方程；式（7.3）为社会资本与农村金融对农户家庭多维贫困转化的影响方程。式中，y_{it} 代表因变量，$\ln gift \times folkloan$、$\ln gift \times bankloan$ 分别代表社会资本与非正规金融以及与正规金融的交互项；X 代表系列控制变量，ε 为随机扰动项。

7.3 实证分析

在进行实证分析之间，需要对面板 Logit 模型进行甄别与选择。我们分别采用 LR 检验和 Hausman 检验来选择最优模型。由于针对混合回归与随机效应回归模型选择的 LR 检验在1%、5%或10%的显著性水平上均能够拒绝采用混合模型的原假设；针对随机效应和固定效应模型选择的 Hausman 检验在相应的显著性水平上均不能拒绝采用随机效应模型的原假设。因此，下文均采用随机效应面板 Logit 回归进行实证分析。

7.3.1 社会资本对农户多维贫困转化影响的实证分析

表 7.2 第（1）～（4）列分别给出了社会资本对农户家庭收入贫困转出、健康贫困转出、机会贫困转出和多维贫困转出的影响结果。从中可知：第（1）、第（3）列以家庭人情礼金支出衡量的社会资本对农户家庭脱离收入贫困和能力提升机会贫困的影响均为正，且分别在 1%、10% 的水平上显著。表明社会资本能够显著提高家庭脱离收入贫困和能力提升机会贫困的概率，促进了家庭收入贫困和能力提升机会贫困缓解。第（2）、第（4）列社会资本对家庭健康贫困和多维贫困转出的影响不显著。表明在其他条件不变的情况下，社会资本未能有效促进健康贫困和多维贫困家庭脱贫。

表 7.2　　　　　　社会资本对农户家庭多维贫困转出的影响估计

变量	贫困转出（脱离贫困）			
	（1）y_{11}	（2）y_{21}	（3）y_{31}	（4）y_{41}
ln$gift$	0.113 *** （0.042）	− 0.025 （0.027）	0.041 * （0.023）	0.067 （0.058）
$lamob$	0.324 ** （0.136）	− 0.133 ** （0.064）	0.107 （0.141）	− 0.609 *** （0.055）
$edumax$	0.058 *** （0.012）	0.065 *** （0.008）	− 0.006 （0.017）	0.006 （0.007）
$leasland$	0.563 *** （0.188）	0.232 ** （0.106）	0.126 （0.222）	0.229 ** （0.089）
$olderb$	− 0.698 *** （0.188）	− 0.542 *** （0.169）	− 0.272 （0.286）	− 0.028 （0.122）
$holdfarm$	0.278 ** （0.121）	0.516 *** （0.080）	− 0.121 * （0.050）	0.075 （0.062）
$nation$	− 0.191 （0.131）	0.376 *** （0.081）	0.198 （0.189）	0.414 *** （0.074）

续表

变量	贫困转出（脱离贫困）			
	（1）y_{11}	（2）y_{21}	（3）y_{31}	（4）y_{41}
lgdp	0.087 ** (0.047)	0.731 *** (0.037)	0.053 (0.057)	0.304 *** (0.023)
常数项	− 1.265 *** (0.361)	− 0.074 (0.238)	− 0.045 (0.482)	0.827 *** (0.195)
Wald chi2	92.20 ***	594.92 ***	66.55 ***	350.79 ***
Look-likelihood	− 1113.415	− 3285.268	− 946.724	− 4126.405

注：*** 、** 和 * 分别表示在 1% 、5% 和 10% 的水平上显著；括号内为标准差。

表 7.3 第（1）~（4）列对应给出了社会资本对农户家庭收入贫困转入、健康贫困转入、机会贫困转入和多维贫困转入的影响结果。从中可知，第（1）、第（3）列以家庭人情礼金支出衡量的社会资本总量对非贫困家庭陷入收入贫困和能力提升机会贫困的影响均负向显著，表明社会资本显著降低了家庭陷入收入贫困和能力提升机会贫困的概率，减少了家庭这两类贫困的脆弱性，有效抑制了家庭陷入收入和机会贫困的风险。验证了假说 1。值得提出的是，第（2）、第（4）列社会资本对家庭健康贫困和多维贫困转入的影响不显著，表明以人情礼金支出衡量的社会资本总量未能有效防范家庭陷入健康贫困和多维贫困的风险。意味着农村特定社会关系、社会网络等非正规机制对健康贫困以及相互交织的多维贫困缓解的作用有限。该结论验证了假说 1 的正确性。

表 7.3   社会资本对农户家庭多维贫困转入的影响估计

变量	贫困转入（陷入贫困贫）			
	（1）y_{12}	（2）y_{22}	（3）y_{32}	（4）y_{42}
lngift	− 0.155 *** (0.053)	0.005 (0.060)	− 0.051 * (0.019)	− 0.008 (0.027)

续表

变量	贫困转入（陷入贫困贫）			
	(1) y_{12}	(2) y_{22}	(3) y_{32}	(4) y_{42}
lamob	− 0.419 *** (0.120)	− 0.582 *** (0.147)	0.018 (0.091)	0.123 *** (0.067)
edumax	− 0.067 *** (0.015)	− 0.0117 (0.021)	− 0.021 * (0.012)	− 0.032 *** (0.008)
leasland	0.077 (0.182)	0.015 (0.226)	− 0.052 (0.151)	0.074 (0.103)
olderb	0.990 *** (0.283)	− 0.224 (0.641)	0.861 *** (0.232)	0.261 * (0.147)
holdfarm	0.139 (0.126)	− 0.069 (0.149)	0.085 (0.107)	− 0.145 ** (0.069)
nation	0.758 *** (0.168)	− 0.251 ** (0.126)	− 0.086 (0.126)	0.265 *** (0.091)
lgdp	− 0.286 *** (0.055)	0.085 (0.205)	− 0.453 *** (0.053)	− 0.102 *** (0.026)
常数项	− 0.096 (0.435)	− 0.002 (0.567)	− 1.636 *** (0.392)	− 0.965 *** (0.230)
Wald chi2	95.26 ***	21.45 **	74.47 ***	50.83 ***
Look-likelihood	− 2366.148	− 620.357	− 2418.819	− 3185.897

注：*** 、** 和 * 分别表示在 1%、5% 和 10% 的水平上显著；括号内为标准差。

7.3.2 农村金融对农户多维贫困转化影响的实证分析

表 7.4 第（1）~（4）列分别给出了农村正规与非正规金融对农户家庭收入贫困、生活条件贫困、机会贫困与多维贫困转出的影响结果。表 7.5 第（1）~（4）列则对应给出了正规与非正规金融对农户家庭收入贫困转入、生活条件贫困转入、机会贫困转入和多维贫困转入的影响结果。从正规金融的影响看：*bankloan* 对 y_{11}、y_{31} 的影响正向显著，对 y_{32} 的影响负向显

著。表明正规金融显著提高了家庭脱离收入贫困与能力提升机会贫困的概率，也显著降低了家庭陷入机会贫困的概率。有利于促进收入与能力机会贫困家庭脱贫，并有效降低家庭陷入机会贫困的风险。*bankloan* 对其他因变量的影响不显著。表明在其他条件不变的情况下，正规金融未能对农户脱离健康贫困与多维贫困以及抑制家庭陷入收入、健康、多维贫困起到积极作用。验证了假说 2。从非正规金融的影响看：*folkloan* 对 y_{21}、y_{41} 的影响均正向显著，对 y_{12}、y_{42} 的影响均负向显著。表明非正规金融不仅能够显著提高家庭脱离健康贫困与缓解多维贫困的概率，也能够显著降低家庭陷入收入贫困和多维贫困的风险。非正规金融对其他类型贫困的影响均不显著。意味着在没有社会资本介入下，农村非正规金融未能在促进家庭脱离收入贫困、抑制家庭陷入健康贫困以及缓解家庭能力提升机会贫困上发挥积极作用。验证了假说 3。进一步比较正规与正规金融对不同维度贫困转化的影响可以发现，农村正规金融、非正规金融在缓解农村贫困的作用上更多呈现出的是积极的互补效应。

表 7.4　　　　　　　农村金融对农户家庭多维贫困转出的影响估计

变量	贫困转出（脱贫）			
	(1) y_{11}	(2) y_{21}	(3) y_{31}	(4) y_{41}
bankloan	0.023 * (0.011)	0.203 (0.191)	0.381 * (0.203)	0.041 (0.080)
folkloan	0.026 (0.099)	0.169 *** (0.062)	0.070 (0.132)	0.114 ** (0.053)
lamob	0.364 *** (0.119)	− 0.130 ** (0.058)	0.146 (0.129)	− 0.637 *** (0.050)
edumax	0.060 *** (0.009)	0.064 *** (0.007)	− 0.018 (0.015)	0.004 (0.006)
leasland	0.430 *** (0.158)	0.227 ** (0.099)	− 0.003 (0.205)	0.162 ** (0.082)
olderb	− 0.655 *** (0.152)	− 0.633 *** (0.145)	− 0.345 (0.251)	0.055 (0.103)

续表

变量	贫困转出（脱贫）			
	（1） y_{11}	（2） y_{21}	（3） y_{31}	（4） y_{41}
holdfarm	0.328 *** （0.101）	0.579 *** （0.073）	− 0.214 * （0.118）	0.093 （0.056）
nation	− 0.207 （0.112）	0.371 *** （0.073）	0.278 （0.178）	0.417 *** （0.067）
lgdp	0.138 *** （0.041）	0.755 *** （0.034）	0.087 （0.051）	0.269 *** （0.021）
常数项	− 0.680 *** （0.179）	− 0.177 （0.134）	0.436 * （0.261）	0.389 *** （0.104）
Wald chi2	118.47 ***	757.87 ***	45.51 ***	405.98 ***
Look-likelihood	− 1506.195	− 3978.904	− 1144.867	− 5036.204

注：***、** 和 * 分别表示在 1%、5% 和 10% 的水平上显著；括号内为标准差。

表 7.5　　农村金融对农户家庭多维贫困转入的影响估计

变量	贫困转入（陷贫）			
	（1） y_{12}	（2） y_{22}	（3） y_{32}	（4） y_{42}
bankloan	− 0.039 （0.159）	− 0.351 （0.193）	− 0.071 * （0.027）	0.103 （0.093）
folkloan	− 0.301 *** （0.105）	− 0.058 （0.137）	− 0.019 （0.075）	− 0.162 *** （0.061）
lamob	− 0.417 *** （0.108）	− 0.718 *** （0.138）	0.028 （0.071）	0.089 （0.060）
edumax	− 0.078 *** （0.013）	− 0.012 （0.020）	− 0.014 * （0.008）	− 0.027 *** （0.007）
leasland	− 0.001 （0.168）	− 0.032 （0.221）	− 0.163 （0.125）	0.017 （0.095）
olderb	1.146 *** （0.243）	− 0.257 （0.565）	0.499 *** （0.147）	0.398 *** （0.121）

变量	贫困转入（陷贫）			
	（1） y_{12}	（2） y_{22}	（3） y_{32}	（4） y_{42}
holdfarm	0.085 （0.112）	− 0.030 （0.143）	0.008 （0.079）	− 0.181 *** （0.061）
nation	0.766 *** （0.153）	− 0.398 ** （0.198）	− 0.212 ** （0.098）	0.269 *** （0.081）
lgdp	− 0.316 *** （0.049）	0.048 （0.047）	− 0.415 *** （0.035）	− 0.087 *** （0.022）
常数项	− 1.015 *** （0.234）	0.325 （0.327）	− 0.898 （0.153）	− 1.033 *** （0.121）
Wald chi2	130.37 ***	41.60 ***	157.62 ***	66.31 ***
Look-likelihood	− 2945.642	− 685.4966	− 3004.298	− 3907.406

注：*** 、** 和 * 分别表示在 1%、5% 和 10% 的水平上显著；括号内为标准差。

7.3.3 农村金融和社会资本对农户多维贫困转化影响的实证分析

上文分析了社会资本、农村正规与非正规金融分别对农户家庭多维贫困转化的影响。为了进一步弄清楚两者是否存在交互效应并共同影响农村家庭贫困转化，我们将两个变量及其交互项同时纳入模型，在统一框架下系统分析社会资本、正规与非正规金融对农户多维贫困转化的共同影响效应与影响机制。

表 7.6 第 （1）~（4） 列给出了正规与非正规金融、社会资本共同作用于农户家庭贫困转出的估计结果。表 7.7 第 （1）~（4） 列则对应给出了正规与非正规金融、社会资本共同作用于农户家庭贫困转入的估计结果。从正规金融与社会资本的交叉项看，*gift_bank* 对 y_{11}、y_{31} 的影响正向显著，对 y_{12} 的影响负向显著，对其他类型贫困转化的影响不显著。表明正规金融与社会资本交互影响多维贫困转化，并且对家庭不同类型贫困转化的交互影响效应存在差异。交互效应对家庭脱离收入贫困和机会贫困表现为显著的

促进作用，对非贫困家庭陷入收入贫困表现为显著的抑制效应。从非正规金融与社会资本交叉项来看，*gift_folk* 对 y_{11}、y_{21} 的影响均正向显著，对 y_{22} 的影响均负向显著，对其他类型贫困转化的影响不显著。表明非正规金融与社会资本同样交互影响农户多维贫困转化，交互效应表现为互补型相互强化效应，显著提高了农户家庭脱离收入、健康贫困的概率，也显著抑制了农户家庭陷入健康贫困的概率与风险。验证了假说 4。

表 7.6　　农村金融和社会资本对农户多维贫困转出的影响估计

变量	贫困转出（脱贫）			
	（1）y_{11}	（2）y_{21}	（3）y_{31}	（4）y_{41}
ln*gift*	0.075 * (0.0325)	0.088 (0.054)	0.075 * (0.032)	0.050 (0.028)
bankloan	0.491 *** (0.0376)	− 0.932 (0.663)	3.764 ** (1.702)	0.802 (0.591)
folkloan	0.889 *** (0.386)	1.541 *** (0.451)	0.370 (0.910)	0.151 ** (0.079)
gift_bank	0.059 ** (0.026)	0.099 (0.086)	0.432 ** (0.218)	0.093 (0.076)
gift_folk	0.112 * (0.052)	0.191 *** (0.059)	0.064 (0.120)	0.041 (0.049)
lamob	0.323 ** (0.136)	− 0.138 ** (0.065)	0.103 (0.142)	0.611 *** (0.055)
edumax	0.059 *** (0.012)	0.065 *** (0.008)	− 0.007 (0.016)	0.005 (0.006)
leasland	0.567 *** (0.188)	0.241 ** (0.106)	0.114 (0.224)	0.227 ** (0.089)
olderb	− 0.741 *** (0.192)	− 0.621 *** (0.172)	− 0.204 (0.291)	0.013 (0.124)
holdfarm	0.278 ** (0.122)	0.521 *** (0.081)	− 0.121 (0.151)	0.072 (0.063)

续表

变量	贫困转出（脱贫）			
	（1）y_{11}	（2）y_{21}	（3）y_{31}	（4）y_{41}
nation	−0.187 （0.131）	0.385*** （0.081）	0.196 （0.190）	0.419*** （0.075）
lgdp	0.085* （0.047）	0.741*** （0.037）	0.068 （0.058）	0.299*** （0.023）
常数项	−0.955** （0.427）	0.460 （0.281）	−0.219 （0.5747）	0.827*** （0.231）
Wald chi2	93.89***	604.80***	34.68**	359.59***
Look-likelihood	−1112.377	−3276.408	−941.981	−4120.981

注：***、**和*分别表示在1%、5%和10%的水平上显著；括号内为标准差。

表7.7　　　农村金融和社会资本对农户多维贫困转入的影响估计

变量	贫困转入（陷贫）			
	（1）y_{12}	（2）y_{22}	（3）y_{32}	（4）y_{42}
ln*gift*	−0.131** （0.062）	−0.015 （0.077）	−0.028** （0.017）	−0.0174 （0.033）
bankloan	−1.461* （0.072）	−1.043 （1.416）	−0.537* （0.027）	0.136 （0.702）
folkloan	−0.599** （0.336）	−0.572*** （0.206）	−0.283 （0.622）	−0.159** （0.075）
gift_bank	−0.180* （0.087）	−0.052 （0.176）	−0.081 （0.116）	0.001 （0.089）
gift_folk	−0.035 （0.096）	−0.077* （0.036）	0.036 （0.081）	−0.005 （0.057）
lamob	−0.426*** （0.118）	−0.607*** （0.149）	0.021 （0.090）	0.118* （0.067）
edumax	−0.067*** （0.014）	−0.010 （0.021）	−0.021* （0.012）	−0.031*** （0.008）

续表

变量	贫困转入（陷贫）			
	(1) y_{12}	(2) y_{22}	(3) y_{32}	(4) y_{42}
leasland	0.072 (0.179)	-0.026 (0.227)	-0.051 (0.151)	0.082 (0.103)
olderb	1.052*** (0.279)	-0.201 (0.642)	0.851** (0.232)	0.309** (0.148)
holdfarm	0.134 (0.125)	-0.077 (0.151)	0.082 (0.107)	-0.145** (0.069)
nation	0.757*** (0.166)	-0.291 (0.207)	-0.091 (0.125)	0.267*** (0.091)
lgdp	-0.273*** (0.054)	0.056 (0.051)	-0.448*** (0.054)	-0.0932*** (0.026)
常数项	-0.375 (0.499)	0.329 (0.678)	-1.478*** (0.433)	-0.992*** (0.271)
Wald chi2	102.11***	30.36**	75.25***	61.89***
Look-likelihood	-2361.018	-615.271	-2418.238	-3180.345

注：***、**和*分别表示在 1%、5% 和 10% 的水平上显著；括号内为标准差。

从非正规金融的估计系数来看：在两者共同作用下，非正规金融对农户家庭脱离收入贫困的影响由表 7.4 中不显著转变为正向显著，对家庭陷入健康贫困的影响由不显著转变为负向显著，对家庭其他类型贫困转化的影响与表 7.4 的结果保持一致。表明社会资本介入下，非正规金融对家庭脱离收入贫困和陷入健康贫困的积极作用更加明显。社会资本的增强不仅进一步强化了非正规金融促进农户家庭脱离收入贫困的正向效应，也进一步强化了其抑制农户家庭陷入健康贫困的积极效应。从正规金融的估计系数来看，在两者共同作用下，正规金融对农户家庭陷入收入贫困的影响由表 7.3 中不显著转变为负向显著，对其他按类型贫困转化的影响与表 7.3 保持一致。表明社会资本同样强化了正规金融抑制农户家庭陷入收入贫困的积极效应。验证了假说5。

进一步比较发现，表7.6第（1）列 *folkloan* 的估计系数（0.889）要大于 *bankloan* 的估计系数（0.491），表7.7第（1）列 *folkloan* 的估计系数的绝对值（0.599）要小于 *bankloan* 估计系数（1.461），表明在交互效应影响下，非正规金融对家庭脱离收入贫困的促进效应更强，而正规金融抑制家庭陷入收入贫困的作用更加明显。也再次验证了假说4和假说5的正确性。从社会资本变量来看，ln*gift* 的估计系数对家庭脱离收入贫困和能力提升机会贫困的影响依然正向显著，对家庭陷入收入贫困和能力提升机会贫困的影响依然负向显著。也意味着前文关于社会资本对家庭多维贫困转化影响的结论是稳健的。

从表7.2至表7.7中控制变量看，劳动力就业转移有利于显著促进家庭收入贫困缓解，有效降低家庭陷入健康贫困的风险，但是也增加了家庭脱离健康贫困与多维贫困的难度。家庭成员最高受教育年限增加将显著降低家庭脱离收入与健康贫困的概率，显著降低家庭陷入收入、机会以及多维贫困的概率。相对于土地自耕的家庭，出租土地的家庭脱离收入、健康以及多维贫困的概率更大。赡养负担越重的家庭脱离收入与健康贫困的概率越小，陷入收入、机会与多维贫困的概率越大。就户主职业来看，户主从事农业的家庭脱离收入、健康贫困的概率更大，陷入多维贫困的概率更小。从村庄特征看，少数民族聚集地区的农户家庭脱离健康贫困与多维贫困的概率更小，陷入收入贫困与多维贫困的概率更大。经济发展水平越高地区的农户家庭，脱离收入、健康与多维贫困的概率越大，陷入收入、机会和多维贫困的概率越小。

7.4　稳健性检验

为了验证上述结论的稳健性，进一步采用替代变量法对上述估计进行稳健性检验：第一，采用亲戚和邻里交往替代家庭社会资本变量，重新估计模型（7.1）；第二，采用家庭是否从非正规金融（正规金融）渠道获得贷款作为核心解释变量非正规金融（正规金融）的替代变量，重新估计模型（7.2）；第三，基于原始解释变量与替代变量的三种不同组合，同时纳入两个核心解释变量及其交互项，重新估计模型（7.3）。限于篇幅，仅给出以上第一、第二和第三中的部分检验结果，如表 7.8 至表 7.10 所示。

表 7.8　　　　　　　　　　　　稳健性检验结果（一）

变量	贫困转出（脱贫）				贫困转入（陷贫）			
	y_{11}	y_{21}	y_{31}	y_{41}	y_{12}	y_{22}	y_{32}	y_{42}
relative	0.006 ** (0.001)	0.002 (0.002)	0.002 *** (0.001)	0.007 (0.002)	−0.005 *** (0.001)	−0.002 * (0.001)	−0.003 ** (0.002)	0.001 (0.002)
控制变量	控制	控制	控制	控制	控制	控制	控制	控制
Wald chi2 (P−view)	67.89 *** (0.000)	137.77 *** (0.000)	108.60 *** (0.000)	58.527 *** (0.000)	135.33 *** (0.000)	96.14 *** (0.000)	32.58 *** (0.001)	24.73 ** (0.008)
Look-likelihood	−1704.879	−3141.202	−4282.570	−815.325	−3542.108	−2147.899	−2320.857	−1076.692

注：限于篇幅，控制变量和常数项不在此列出，下同；*** 、** 和 * 分别表示在 1%、5% 和 10% 的水平上显著；括号内为标准差。

表 7.9　　　　　　　　　　　　稳健性检验结果（二）

变量	贫困转出（脱贫）				贫困转入（陷贫）			
	y_{11}	y_{21}	y_{31}	y_{41}	y_{12}	y_{22}	y_{32}	y_{42}
freborrow	0.0447 (0.0827)	0.2503 ** (0.1152)	0.2152 * (0.1020)	0.2506 *** (0.0589)	−0.0874 *** (0.0282)	−0.0755 (0.1284)	−0.1425 (0.1063)	0.0665 * (0.0305)
bankborrow	0.2558 ** (0.1840)	0.1604 (0.0973)	0.0696 * (0.0308)	0.2928 * (0.1401)	−0.2019 * (0.1031)	−0.2852 (0.2166)	−0.0746 ** (0.0361)	0.0739 (0.2405)
控制变量	控制	控制	控制	控制	控制	控制	控制	控制
Wald chi2 (P−view)	59.24 *** (0.000)	139.93 *** (0.000)	115.08 *** (0.000)	55.52 *** (0.000)	114.25 *** (0.000)	92.84 *** (0.000)	33.34 *** (0.000)	24.41 ** (0.002)
Look-likelihood	−1711.417	−3140.758	−4279.576	−823.845	−3560.245	−2148.281	−2320.262	−1076.836

注：*** 、** 和 * 分别表示在 1%、5% 和 10% 的水平上显著；括号内为标准差。

表 7.10　　　　　　　　　　　　稳健性检验结果（三）

变量	贫困转出（脱贫）				贫困转入（陷贫）			
	y_{11}	y_{21}	y_{31}	y_{41}	y_{12}	y_{22}	y_{32}	y_{42}
freborrow	0.9479 ** (0.4041)	0.2472 ** (0.1242)	0.3483 (0.1908)	0.2947 * (0.1528)	− 0.1455 * (0.0751)	− 0.1126 *** (0.0433)	− 0.0057 (0.2681)	− 0.0158 * (0.0078)
bankborrow	0.5455 ** (0.2155)	− 0.2213 (0.2712)	− 0.2987 * (0.1471)	− 0.3493 (0.5521)	− 0.5773 * (0.3100)	0.3234 (0.4956)	0.0341 * (0.0178)	0.9874 (0.6387)
relative	0.0069 *** (0.0014)	0.0015 (0.0010)	0.0022 *** (0.0006)	0.0067 *** (0.0016)	− 0.0059 *** (0.0010)	− 0.0014 (0.0014)	− 0.0016 * (0.0008)	− 0.0007 (0.0019)
freb_rela	0.0041 * (0.0025)	0.0013 ** (0.0006)	0.0038 ** (0.0018)	0.0012 * (0.0006)	− 0.0019 (0.0023)	− 0.0007 * (0.0003)	− 0.0054 * (0.0031)	0.0006 (0.0033)
bank_rela	0.0081 * (0.0045)	0.0043 (0.0027)	0.0028 ** (0.0011)	− 0.0019 (0.0065)	− 0.0046 ** (0.0020)	− 0.0061 (0.0048)	− 0.0013 (0.0046)	− 0.0092 (0.0059)
控制变量	控制	控制	控制	控制	控制	控制	控制	控制
Wald chi2 （P − view）	75.49 *** (0.000)	144.91 *** (0.000)	127.02 *** (0.000)	62.16 *** (0.000)	136.69 *** (0.000)	96.32 *** (0.000)	34.78 *** (0.000)	26.94 *** (0.000)
Look-likelihood	− 1701.212	− 3137.042	4273.026	− 813.717	− 3540.300	− 2146.015	− 2318.789	− 1075.289

注：***、** 和 * 分别表示在 1%、5% 和 10% 的水平上显著；括号内为标准差。

表 7.8 给出了社会资本对农户家庭不同类型贫困转化影响的稳健性检验结果。从中可知：对应于表 7.2 和表 7.3，以亲戚和邻居交往频繁程度衡量的社会资本（*relative*）对家庭收入和能力提升机会两个维度贫困转出的影响均正向显著、对收入贫困转入和机会贫困转入的影响均负向显著。这与表 7.2 和表 7.3 的估计结果保持一致，验证了社会资本对农户家庭贫困转化影响效应的稳定性。

表 7.9 给出了正规与非正规金融对农户家庭不同维度贫困转化影响的稳健性检验结果。从中可知，以"家庭从非正规金融机构获得的贷款额度"替代的非正规金融变量（*freborrow*）对农户家庭脱离健康贫困和多维贫困的影响依然正向显著，对家庭陷入收入贫困和多维贫困的影响依然负

向显著。同时，以"家庭从银行、信用社等正规金融机构获得的贷款额度"替代的正规金融变量（*bankborrow*）对家庭收入和机会贫困转出的影响正向显著，对家庭机会贫困转入的影响负向显著。与表 7.4 和表 7.5 的结论保持一致。表明上文农村金融对农户家庭多维贫困的实证结论是稳健的。

表 7.10 给出了同时采用社会资本、非正规金融、正规金融的替代变量及其交互项进行再估计的结果。从中可知，非正规金融与社会资本的交叉项（*freb_rela*）对家庭脱离收入贫困、健康贫困、机会贫困以及多维贫困的影响均为正向显著，对家庭陷入健康贫困和能力提升机会的影响均为负向显著。正规金融与社会资本的交叉项（*bank_rela*）对家庭脱离收入贫困和机会贫困的影响均为正向显著，对家庭陷入收入贫困的影响负向显著。同时，从 *freborrow* 和 *bankloan* 的估计系数可知，在交互效应影响下，非正规金融不仅显著提高了家庭收入贫困、健康贫困与多维贫困转出概率，显著降低了家庭三类贫困转入的概率。本表主要结论与表 7.6 和表 7.7 的结论保持一致。系列稳健性检验结论表明，本章的研究结论是可信的。

7.5 结论与启示

本章在对农户家庭的初始、终了福利状态进行区分的基础上，结合 CFPS 微观面板数据和 Logit 模型实证分析了社会资本、正规与非正规金融对农户家庭多维贫困转化的影响效应与影响机制。研究结果表明：第一，社会资本能够显著增加家庭脱离收入和能力提升机会贫困的概率，显著降低家庭陷入两类贫困的概率。第二，正规金融能够显著增加家庭脱离收入与能力提升机会贫困的概率，显著降低家庭陷入收入贫困的概率。非正规金融能够显著增加家庭脱离健康与多维贫困的概率，显著降低家庭陷入收入和多维贫困的概率。第三，社会资本与农村金融交互影响农户家庭多维贫困转化。社会资本的增强不仅进一步强化了非正规金融促进农户家庭脱离收入贫困的正向效应，也进一步强化了其抑制农户家庭陷入健康贫困的积极效应。同时，也强化了正规金融缓解农户家庭收入贫困的积极效应。第四，社会资本介入下，非正规金融对家庭脱离收入贫困的促进效应要强于正规金融，而正规金融抑制家庭陷入收入贫困的作用更加明显。

上述结论对现阶段农村扶贫攻坚具有重要的启示意义。其一，基于农户家庭多维贫困的动态转化特征，促进贫困家庭摆脱贫困和防范非贫困家庭陷入贫困都应该成为当前农村贫困治理的重要内容。一方面，需要结合贫困家庭已有资源禀赋特征及其贫困表现与程度的差异，进行精准帮扶；另一方面，也需要将风险理念融入贫困治理全过程，做好家庭致贫返贫的风险预警，有效遏制致贫、返贫现象发生。其二，现阶段我国农村金融扶贫需要国家正规金融制度的安排，更需要民间非正规金融的助力与支持。政府应该进一步深化农村金融改革，就正规金融而言，需要进一步为农户特别是贫困农户融资提供更全面的政策支持，降低其贷款门槛与利息水平，金融机构要创新农村金融扶贫产品，拓宽农村金融扶贫服务范围，增加农村金融市场信贷供给，满足贫困农户特别是多维深度贫困农户不同类型的金融服务及其信贷需求。就非正规金融而言，应该在给予其更宽广的发展空间与发展环境的同时，逐步完善非正规金融监管体系，推动农村社会信用体系构建，有效防控和化解非正规借贷风险。积极探寻非正规金融与正规金融市场的合作、链接机制与渠道，促进两者优势互补与农村金融市场的良性发展。其三，小心维护并积极培育社会资本将是促进农村可持续脱贫的重要保障。应该加强农村社会资本投资与建设，注重农户家庭社会资本培育，加强农村文化建设，丰富农民精神文化生活，倡导诚实守信、合作互助、团结友爱的文明乡风，为农民之间交往联络、提升友谊创造机会与条件。充分释放农村社会关系、社会网络等非正规机制对农村贫困缓解的积极作用。

第8章
社会资本异质性、融资约束
与农户多维贫困

本章基于 2014 年中国家庭追踪调查（CFPS）微观截面调查数据，采用 Logit 模型和 Tobit 模型实证研究了社会网络、社会信任、社会参与三种不同类型社会资本与融资约束对农户家庭多维贫困的影响效应与途径。研究结果表明：样本期间农户家庭多维贫困发生率相对较高，且以二维贫困家庭为主。农村地区农户家庭融资约束依然存在，融资约束显著抑制了农户家庭多维贫困缓解。不同类型社会资本对农户融资约束与多维贫困的影响存在显著差异。家庭社会网络资本、邻里信任、政治关联性组织参与显著降低了家庭融资约束和多维贫困概率；干部信任显著降低了家庭融资约束概率，而亲戚交往显著增加了农户融资约束概率。社会资本与融资约束交互影响农户家庭多维贫困，但因社会资本类型的不同而存在差异。家庭社会网络总体规模、政治关联性组织参与两类优质社会资本介入显著抑制了融资约束的致贫效应，而亲戚交往联络则进一步强化了融资约束的致贫效应。

8.1　问题的提出与研究综述

8.1.1　问题的提出

自中共十八大以习近平同志为核心的党中央把脱贫攻坚工作纳入"五

位一体"总体布局和"四个全面"战略布局、全面打响脱贫攻坚战以来，我国农村脱贫攻坚取得决定性进展。全国农村贫困人口从 2012 年末的 9899 万人减少至 2018 年末的 1660 万人，累计减少 8239 万人，贫困发生率相应地从 2012 年的 10.2% 大幅下降至 2018 年的 1.7%。创造了我国减贫历史上的最好成绩。然而，随着脱贫攻坚进入"攻坚拔寨"的冲刺阶段，农村贫困问题的复杂性、多维性、反复性也日益凸显，在增加脱贫攻坚的难度的同时，也延缓了脱贫攻坚的进度。农村金融作为新时期扶贫开发的主要政策工具之一，其反贫困成效一直是社会各界关注的焦点，而社会资本作为农村金融市场上的"特质性资源"，其反贫困的作用近年来也被予以高度关注。那么，现阶段我国农村地区农户融资约束是否依然明显存在？如果存在，是加剧抑或缓解了农户家庭多维贫困？社会资本如何影响农户家庭多维贫困？不同类型社会资本对农户家庭多维贫困的影响是否存在异质性？社会资本与融资约束是否交互影响农村多维贫困？为了回应上述问题，本章采用微观截面数据，从社会资本异质性、融资约束及其交互影响的多功能视角研究农户家庭多维贫困成因与路径，以期能够为制定出台更加有效的反贫困政策，增强脱贫针对性，确保如期实现 2020 年农村全面脱贫的目标任务，提供有价值的参考。

8.1.2　文献综述

在影响贫困的诸多因素中，社会资本与融资问题是近年来被学界高度关注的重要因素。但针对社会资本、融资约束与贫困缓解之间的关系研究，学界尚未形成共识性结论。一方面，学界对社会资本的内涵及其界定、功能及其度量等方面存有争议。普特南和伦纳德（Putnam and Leonardi，1994）、利马特勒等（Riumalloherl et al.，2014）研究认为社会网络、信任与规范是构成社会资本的三维核心要素。陆迁和王昕（2012）研究认为社会资本具有信息传递与充当隐性抵押品的功能，本质上是社会网络、社会信任、社会声望和社会参与的结合体。王强（2019）研究认为社会资本具有信息、影响、社会信任、强化四种主要功能，而这些功能主要通过社会网络、社会信任和社会参与三种要素来实现。另一方面，已有关于社会资本、融资约束对贫困的影响研究大部分是分散性的，在统一框架下系统探讨两者对于农村贫困的影响的系统研究还比较匮乏。围绕社会资本与融资约束这一主题，国内外学者已经进行了卓有成效的研究。大部分研究认为建立在农户家庭亲缘、地缘、业缘关系基础上的社会资本在缓解农村信贷配给的过程中发挥了"特质性"资源的作用。借助社会资本内生的信息机制和信任机制，金融机构可通过"团贷""联保"等将单一的外部监督转化为内外双重监督，通过组织内部的声誉压力、制度压力和社会压力，提高农户还款率，有效降低信贷风险（张晓明和陈静，2007）。同时，农户借助社会资本充当抵押品和信息传递的功能，能够提高自身的有效借贷机会与实际借贷额度（童馨乐等，2011）。因而，社会资本的多寡直接关系到农户个人融资能力的大小和信贷市场的参与程度（王金哲，2019），增加社会资本投资将提高农户进入农村信贷市场的概率（徐丽鹤和袁燕，2017）。社会资本越多的农户正规信贷的可得性越高（Guiso et al.，2004；张建杰，2008；范香梅和张晓云，2012；孙永苑等，2016；贺建风等，2018）。而在非正规借贷市场，社会资本缓解融资约束的作用同样被国内外经验研究所证实（林毅夫和孙希芳，2005；Fafchamps，2006；马光荣等，2011；杨汝岱等，2011）。社会资本成为破解农户融资约束的重要载体。关于社会资本与贫困关系的研究相对薄弱，基于不同类型社会资本与贫困关系的研究得出了不同的结论。大部分学者研究认为，社会网络、信任及其规范作为一种重要的非正式制度，在缓解贫困方面发挥着积极作用（张爽等，2007）。特别是在我国农村以小农家庭为核心拓展开来的圈层社会结构里，社会网络通常是维系双方关系、保持信任的基础，网络组织内部蕴含的各类信息与资源，成为贫困农户获得发展机会与提升自我发展能力的重要保障与支撑（Yueh，2009）。尚塔拉和巴雷特（Chantarat and Barrett，2012）研究认为社会网络可以提高贫困家庭的劳动生产率和收入水平进而促进脱贫。刘一伟和汪润泉（2017）研究发现社会资本能够降低贫困发生率，同时也能够缓解收入差距对居民贫困的不利影响。米松华等（2016）研究发现城镇型、乡村型社会资本的健康减贫效应显著。史恒通等

（2019）研究认为社会网络、社会信任、社会参与都能够显著促进农村贫困缓解。部分学者认识到社会资本存在异质性，认为社会资本缓解贫困的作用不是绝对的，不同类型社会资本对农村不同维度贫困的影响可能存在差异。贺志武和胡伦（2018）研究发现，社会信任、社会规范能够显著缓解农户多维贫困状态，而社会声望和社会网络则会显著加剧农户多维贫困状态。车四方等（2018）研究发现社会资本对农村贫困的影响是非线性的，只有社会资本跨越相应的"门槛"值，才能显著降低农户贫困水平。苏静等（2019）研究发现社会资本有利于促进相对收入贫困、生活条件贫困和机会贫困家庭脱离，但是对绝对贫困家庭脱贫无能为力。此外，也有学者研究认为社会资本对贫困的影响是消极的。周晔馨（2012）研究发现社会资本显著拉大了农户之间的收入差距，因而不是"穷人的资本"。

关注到分散性研究的局限性，近年来，将社会资本、融资约束与贫困纳入统一框架进行研究成为该领域新的研究动态。谭燕芝和张子豪（2017）研究了社会网络、非正规金融与农户多维贫困之间的关系，研究发现社会网络可以通过影响农户非正规金融借贷，缓解贫困农户的融资约束进而促进农户多维贫困缓解。吴本健等（2019）研究了正规金融和社会资本对贫困农户风险化解的组合效应。研究发现社会资本的介入能强化正规金融行为对贫困地区农户风险应对能力的正向效应。但两者的研究还存在一些不足：前者仅从单一社会网络维度界定社会资本，没有充分考虑其多维异质性特征，而从多维度界定的异质性社会资本对农户家庭多维贫困的影响应该更具复杂性和不确定性。同时，没有将正规金融纳入分析。后者采用的是甘肃、陕西两省农户调查数据，样本局限使得研究结论不具有普遍性的解释意义；同时，也没有将非正规金融纳入分析。基于此，本章在上文面板数据样本分析的基础上，进一步采用微观截面数据样本，在统一框架下系统探讨社会资本异质性、融资约束与农户家庭多维贫困的关系，并且就社会资本是否是农村金融缓解农户家庭多维贫困的渠道进行验证。以期能够为精准扶贫新时期下农村减贫相关研究及其实践提供新的视角和更为精准的经验证据。

8.2 数据与指标

8.2.1 数据来源

本章所使用的数据来源于 2014 年中国家庭追踪调查（CFPS）微观数据，该调查涵盖 25 个省（区、市），覆盖了家庭、个体、和社区三个层次的微观数据。根据研究需要，我们通过对样本进行筛选以及对三个层面的数据进行匹配，并删去部分缺失值，最终获得了 6166 个农村家庭样本观测数据。

8.2.2 农户家庭多维贫困测度

在农户家庭多维贫困的识别与测度上，本研究结合邹薇和方迎风（2011）、苏静等（2019）等学者的研究，并基于数据可得性，构建由收入、健康、生活条件、就业四个维度 9 个指标组成的多维贫困体系，如表 8.1 所示。

在生活条件贫困维度识别上，若家庭在清洁能源使用、住房、卫生设施、用水、通电 5 个指标中的任意 2 项被界定为贫困，即定义其为生活条件贫困。在健康贫困维度识别上，农户家庭有不健康成人或者有成人住院均视为健康贫困。若样本家庭在收入、健康、生活条件、就业四个维度中，任意一个维度被界定为贫困，则称为单维贫困家庭；任意两个及以上维度被界定为贫困，就称为多维贫困家庭。为了进一步测算家庭多维贫困程度，我们结合王小林和阿尔基尔（王小林和 Alkire，2009）、阿尔基尔和福斯特（Alkire and Foster，2011）、张全红和周强（2014）等学者的研究，采用等权重方法确定各指标权重，计算了样本家庭单维贫困及其对多维贫困的贡献情况，如表 8.2 所示。

表 8.1   农户家庭多维贫困界定及权重选取

一级指标	二级指标	权重	贫困界定与识别	赋值
收入贫困	人均年纯收入	1/4	农户家庭年人均纯收入低于当年贫困线	
健康贫困	成人健康	1/8	家庭有不健康成人	
	住院	1/8	家庭有成人住院	
生活条件贫困	清洁能源	1/20	家庭做饭燃料以柴草等非清洁能源为主	贫困 = 1；非贫困 = 0
	住房	1/20	家庭存在 12 岁以上子女与父母、异性子女、老少三代同住一室或者床晚上架起白天拆掉、客厅架床睡觉等任意一种住房困难情况	
	卫生设施	1/20	农户不能使用冲水卫生厕所	
	用水	1/20	家庭做饭不能使用纯净水、自来水、井水等干净水源	
	用电	1/20	家庭不通电或经常断电	
就业贫困	成人失业	1/4	家中有 18～55 岁成人（上学成人除外）失业	

表 8.2   样本家庭单维贫困及其对多维贫困的贡献率   单位：%

维度	单维贫困发生率	对多维贫困的贡献率	指标	单维贫困发生率	对多维贫困的贡献率
收入贫困	23.44	17.51	人均纯收入	23.44	17.51
健康贫困	50.23	18.42	成人不健康	41.60	12.83
			有成人住院	15.31	5.59
生活条件贫困	49.61	20.68	清洁能源	48.44	7.34
			住房	11.56	1.84
			卫生设施	73.23	9.33
			用水	9.73	1.53
			用电	4.06	0.65
就业贫困	65.73	43.38	成人失业	65.73	43.38

从单维贫困测度来看，样本农户中有 23.44% 的农户家庭人均纯收入处于国家贫困线标准以下，为收入贫困户；但样本农户在其他维度的贫困

更为严重。分别有 50.23% 的农户家庭有不健康成人或生病住院者，有 49.61% 的农户家庭处于生活条件贫困状态，有 65.73% 的农户家庭有劳动力处于失业状态。在生活条件维度中，卫生设施和清洁能源使用两方面的贫困发生率最高，分别达到 73.23%、48.44%；用电和用水方面的贫困发生率相对较小，分别为 4.06% 和 9.73%。从对多维贫困的贡献率来看，收入维度、就业维度的贡献率分别为 17.51%，43.38%，分别是各维度里贡献的最小者和最大者。健康维度和生活条件维度的贡献率分别为 18.42%、20.68%。表明提高农户健康水平和增加农村居民就业，将有利于显著改善农户家庭多维贫困程度。在生活条件维度中，卫生设施和清洁能源的贡献率分别为 9.33%、7.34%。表明改善农户家庭卫生条件和能源使用条件，将显著降低农户生活条件贫困程度。

从多维贫困测度来看（见表 8.3），累计有 64.61% 的样本农户家庭表现为多维贫困状态，其中，二维贫困农户占比最高，达到样本总量的 35.90%，占据多维贫困家庭的一半以上；四维贫困家庭占比最小，为 5.05%。此外，有 9.37% 的样本家庭不存在任意维度的贫困，为完全不贫困家庭。整体上看，农户家庭二维、三维、四维贫困发生率依次降低。

表 8.3		样本家庭多维贫困发生率		单位：%
维度	贫困发生率		维度	贫困发生率
完全不贫困	9.37		三维贫困	23.66
一维贫困	26.02		四维贫困	5.05
二维贫困	35.90		多维贫困 （二维及以上）	64.61

8.2.3 农户家庭融资约束情况分析

表 8.4 统计了样本农户家庭融资约束情况。从中可知，在首选借贷对象上，61.66% 的农户首选亲戚，20.23% 的农户首选银行。首选非银行正规金融机构以及民间借贷机构与个人的农户均在 1% 以下，此外有 11.74% 的家庭

表示在任何情况下都不借贷。表明农户融资对象以亲戚、银行和朋友为主。从融资约束即借款被拒情况看（见表8.5），总计有33.63%的农户具有借款被拒经历。其中，15.97%的农户具有被亲戚拒绝经历，10.50%的农户具有被朋友拒绝经历，6.21%的农户具有被银行拒贷经历，此外还有不足1%的农户具有被非银行正规金融机构以及民间借贷机构拒绝经历。进一步统计发现，有8.68%的农户家庭有被2种以上借款对象拒绝经历，其中同时被表中5类融资对象中的任意2种、3种、4种拒贷或拒借的农户分别占6.60%、1.66%、0.26%。此外，还有0.16%的农户具有被5类对象拒贷或拒借经历。表明我国农村地区农户家庭融资约束依然显著存在。

表8.4　　　　　　　样本家庭首选借贷对象与贷款被拒情况统计　　　　单位：%

项目	亲戚	朋友	银行	非银行正规金融机构	民间借贷机构与个人	任何情况下不借贷	合计
首先借款对象	61.66	5.50	20.23	0.11	0.76	11.74	100
贷款被拒经历	15.97	10.50	6.21	0.39	0.56	—	33.63

表8.5　　　　　　　　样本家庭被拒贷会拒借经历情况统计

融资被拒类别	户次（次）	占比（%）	融资被拒类别	户次（次）	占比（%）
被1种对象拒绝	1547	24.95	被4种对象拒绝	16	1.66
被2种对象拒绝	409	6.60	被5种对象拒绝	10	0.16
被3种对象拒绝	103	0.26	合计	2085	33.63

8.2.4　农户家庭社会资本异质性及其测度

基于社会资本的多重内涵及其异质性，有必要将抽象的社会资本概念转化为具体的指标以方便人们对于社会资本的理解。在社会资本的量化与测度上，本章结合王强（2019）的研究，并兼顾数据可得性，采用社会网络、社会信任、社会参与三个维度共8个指标衡量异质性社会资本。其中，社会网络维度采用家庭人情礼金支出（衡量家庭总体社会网络规模）、亲戚交往联络、邻居交往联络 3 个指标来衡量；社会信任维度以家庭对邻居、陌生人、干部的信任程度打分（0 分代表非常不信任，10 分代表非常信任）为依据，采用家庭成人对邻居、陌生人和干部这三类人的平均信任程度（即打分的均值）来衡量。社会参与维度采用参与政治关联性组织、参与群团协会与互助性组织两个指标来衡量。

表 8.6 给出了社会资本三个维度 7 个指标样本数据的描述性统计结果。从中可知，总计 6166 个农户家庭中，社会网络维度，表征家庭总体社会网络的人情礼金支出水平为户均 1881.30 元；农户家庭亲戚交往和邻里交往的均值都在 0.7 以上；表明样本家庭总体社会网络关系良好；社会信任维度，农户家庭对邻居的平均信任度最高，为 6.7031，对干部和陌生人的平均信任度次之，分别为 5.3285、1.8909。社会参与维度，总体上参与两类组织的农户家庭占比并不大，并且参与政治关联性组织的农户要多于参与协会、群团和互助性组织的农户。

表 8.6 **社会资本的识别及其指标数据的描述性统计**

变量名称	变量名称	符号	变量含义与界定	均值	标准差	最小值	最大值
社会网络	人情礼金	$lnrqlj$	家庭人情礼支出的对数	7.5400	1.1782	0	11.5129
	亲戚交往	$relative$	经常交往和偶尔交往设置为 1，不常交往和没有交往设置为 0	0.8231	0.3816	0	1
	邻里交往	$neignbei$	很和睦和比较和睦设置为 1，关系一般、关系有些紧张或很紧张设置为 0	0.7176	0.4501	0	1
社会信任	邻里信任	$nbtrust$	家庭成人对邻居的平均信任度（0~10 表示依次增大）	6.7031	1.8085	0	10
	陌生人信任	$untrust$	家庭成人对陌生人的平均信任度（0~10 表示依次增大）	1.8909	1.6751	0	10
	干部信任	$cdtrust$	家庭成人对干部的平均信任度（0~10 表示依次增大）	5.3285	2.1855	0	10

续表

变量名称	变量名称	符号	变量含义与界定	均值	标准差	最小值	最大值
社会参与	参与政治关联性组织	*politogs*	家庭有成员参与中国共产党、民主党派、县/区及以上人大（代表）、政协（委员）等政治关联性组织设置为1，否则=0	0.2311	0.4215	0	1
	参与协会、群团、互助性组织	*assoogs*	家庭有成员参与私营企业主协会、个体劳动者协会、非正式的联谊组织（社区、网络、沙龙等）等设置为1，否则=0	0.1473	0.2123	0	1

进一步考察样本农户家庭不同维度社会资本的统计与测度情况。社会网络维度中，家庭没有人情礼金支出（即年人情礼金支出为0）的农户共计有1176家，占比为19.07%；家庭年人情礼金支出在1~1881.30元之间的农户有2065家，占比33.49%；家庭年人情礼金支出在5000元以上的农户有1196家，占比19.40%。亲戚之间经常交往和偶尔交往的农户共计有5074家，占比82.29%；亲戚之间不常交往和没有交往的农户共计有1092家，占比17.71%。邻里之间关系很和睦和比较和睦的农户共计有4423家，占比71.73%；邻里之间关系一般、关系有些紧张或很紧张的农户共计有1743家，占比28.27%。社会信任维度中，家庭成人对邻居的平均信任度在7分以上（最高10分，最低0分）的农户共计有3071家，占比49.81%；在3分以下的农户共有127家，占比1.96%。家庭成人对陌生人的平均信任度在7分以上的农户共计有62家，占比1.01%；在3分以下的农户共有4530家，占比73.47%。家庭成人对干部的平均信任度在7分以上的农户共计有1537家，占比24.93%，在3分以下的农户有739家，占比11.99%。社会参与维度中，参与中国共产党、民主党派、县/区及以上人大（代表）、政协（委员）等政治关联性组织的农户共计有1425家，占比23.11%；参与私营企业主协会、个体劳动者协会、非正式的联谊组织（社区、网络、沙龙等）等组织的农户共计有294家，占比4.77%。

考虑到不同类型农户家庭其社会资本的拥有情况可能存在异质性，我们将样本家庭分为收入贫困家庭和非收入贫困家庭、多维贫困家庭和非多维贫困家庭两组，进一步计算了 2 组不同类型农户家庭的社会资本情况，结果如表 8.7 所示。其中，按收入贫困划分，收入贫困家庭共计 1441 户，非收入贫困家庭 4725 户；按多维贫困划分，多维贫困家庭共计 3979 户，非多维贫困家庭 2187 户。从表 8.7 可知：社会网络层面，贫困家庭（即收入贫困和多维贫困家庭）人情礼金支出、亲戚交往联络、邻里关系都明显低于非贫困家庭（即非收入贫困和非多维贫困家庭），意味着贫困家庭的社会网络资本要小于非贫困家庭。社会信任层面，邻里、陌生人和干部信任度在 7 分以上的家庭占比，收入贫困家庭均要高于非收入贫困家庭，但多维贫困家庭均低于非多维贫困家庭。社会参与层面，参与政治关联性组织或参与协会、群团、互助性组织的家庭，贫困家庭均低于非贫困家庭。表明非贫困家庭社会参与度相对较高。

表 8.7　　　　　　　　　不同类型农户家庭的社会资本情况统计

变量名称	指标名称	收入贫困家庭	非收入贫困家庭	多维贫困家庭	非多维贫困家庭
社会网络	人情礼金均值（元）	2162.184	3047.108	2611.492	3254.003
	亲戚经常交往和偶尔交往家庭占比（%）	77.10	83.85	81.23	84.18
	邻里关系很和睦和比较和睦家庭占比（%）	68.98	72.57	70.75	73.43
社会信任	邻里信任度在 7 分以上家庭占比（%）	47.40	50.52	50.26	48.97
	陌生人信任度在 7 分以上家庭占比（%）	1.32	0.87	1.08	0.82
	干部信任度在 7 分以上家庭占比（%）	29.98	23.37	26.61	21.63
社会参与	参与政治关联性组织家庭占比（%）	20.12	23.98	22.39	24.33
	参与协会、群团、互助性组织家庭占比（%）	3.96	4.93	4.35	5.35

8.2.5　指标数据的描述性统计

对于被解释变量，参照史恒通等（2019）、谭燕芝和张子豪（2017）等学者的做法，选取二值变量"家庭是否多维贫困"来衡量。对于核心解释变量，结合王强（2019）的研究，采用社会网络、社会信任、社会参与三个维度共 8 个指标衡量异质性社会资本。融资约束指标采用家庭是否具有借款被拒经历来衡量。为了控制其他因素的影响，本章从家庭、户主、村庄层面选取系列控制变量。所有变量的定义、设置及其数据的描述性统计如表 8.8 所示。

表 8.8 　　　　　　　　　　　　**变量及其指标数据的描述性统计**

变量名称	变量名称	符号	变量含义与界定	均值	标准差	最小值	最大值
多维贫困	多维贫困识别	*dwpoor*	是否多维贫困，1＝是，0＝否	0.6461	0.4782	0	1
	多维贫困指数	*dwporzs*	$x \in (0, 1)$	0.3070	0.2520	0	1
单维贫困	收入贫困	*incmpoor*	是否收入贫困，1＝是，0＝否	0.2343	0.4236	0	1
	健康贫困	*hethpoor*	是否健康贫困，1＝是，0＝否	0.5022	0.5000	0	1
	生活条件贫困	*livepoor*	是否生活条件贫困，1＝是，0＝否	0.4961	0.5001	0	1
	就业贫困	*workpoor*	是否就业贫困，1＝是，0＝否	0.6572	0.4746	0	1
融资约束	贷款被拒	*finacot*	是否有贷款被拒经历，1＝是，0＝否	0.2506	0.4334	0	1
社会资本	人情礼金（社会网络）	*lnrqlj*	家庭人情礼支出的对数	7.5400	1.1782	0	11.5129
	亲戚交往	*relative*	经常交往和偶尔交往设置为1，不常交往和没有交往设置为0	0.8231	0.3816	0	1
	邻里交往	*neignbei*	很和睦和比较和睦设置为1，关系一般、关系有些紧张或很紧张设置为0	0.7176	0.4501	0	1
	邻里信任（社会信任）	*nbtrust*	家庭成人对邻居的平均信任度（0～10 表示依次增大）	6.7031	1.8085	0	10
	陌生人信任	*untrust*	家庭成人对陌生人的平均信任度（0～10 表示依次增大）	1.8909	1.6751	0	10
	干部信任	*cdtrust*	家庭成人对干部的平均信任度（0～10 表示依次增大）	5.3285	2.1855	0	10

续表

变量 名称		变量名称	符号	变量含义与界定	均值	标准差	最小值	最大值
社会资本	社会参与	参与政治 关联性 组织	*politogs*	家庭有成员参与中国共产党、民主党派、县/区及以上人大（代表）、政协（委员）等政治关联性组织设置为1，否则 = 0	0.2311	0.4215	0	1
		参与协会、群团、互助性组织	*assoogs*	家庭有成员参与私营企业主协会、个体劳动者协会、非正式的联谊组织（社区、网络、沙龙等）等设置为1，否则 = 0	0.1473	0.2123	0	1
控制变量		就业转移	*outwork*	是否有人外出打工，1 = 是，否 = 0	0.5023	0.5000	0	1
		户主婚姻	*holdmarry*	户主在婚 = 1，其他 = 0	0.8706	0.3356	0	1
		交通状况	*xcdistan*	村距离本县县城的距离	53.0212	41.1048	2	280
		经济水平	*econom*	村庄人均纯收入的对数	8.1593	0.8794	5.0106	10.7144

8.3 实 证 分 析

8.3.1 模型设定

为了实证检验社会资本异质性、融资约束对农户家庭多维贫困的影响，同时考虑到被解释变量为离散型变量，本研究构建如下 Logit 模型进行实证分析：

$$\text{Logit}(p_{y_i}) = \ln[p_{y_i}/(1-p_{y_i})] = \alpha + \theta finance_i + \tau X_i + \varepsilon \quad (8.1)$$

$$\text{Logit}(p_{y_i}) = \ln[p_{y_i}/(1-p_{y_i})] = \alpha + \beta society_i + \tau X_i + \varepsilon \quad (8.2)$$

$$\text{Logit}(p_{finance_i}) = \ln[p_{finance_i}/(1-p_{finance_i})] = \alpha + \beta society_i + \tau X_i + \varepsilon \quad (8.3)$$

$$\text{Logit}(p_{y_i}) = \ln[p_{y_i}/(1-p_{y_i})] = \alpha + \beta society_i + \theta finance_i$$
$$+ \varphi society_i \times finance_i + \tau X_i + \varepsilon \quad (8.4)$$

其中，式（8.1）为融资约束对农户家庭多维贫困影响的计量方程；式

（8.2）为社会资本异质性对农户家庭多维贫困影响的计量方程；式（8.3）为社会资本对融资约束影响的计量方程；式（8.4）为社会资本与融资约束及其交互项对农户家庭多维贫困影响的计量方程。各式中，y_i 代表因变量即农户多维贫困变量；$society$、$finance$ 分别代表衡量社会资本和融资约束的相关核心解释变量；$society \times finance$ 代表社会资本与融资约束的交互项；X 代表系列控制变量，ε 为随机扰动项。p_{y_i}、$p_{finance_i}$ 分别表示农户家庭多维贫困和融资约束的概率；$\ln[(p_{y_i}/(1-p_{y_i}))]$、$\ln[(p_{finance_i}/(1-p_{finance_i}))]$ 分别表示农户家庭多维贫困和融资约束机会比率的对数。

8.3.2 基准回归分析

8.3.2.1 融资约束对农户家庭多维贫困影响的实证分析

表8.9模型1给出了不考虑异质性社会资本的情况下，融资约束（finacot）对农户家庭多维贫困识别的影响结果，模型2进一步给出了模型1回归估计的 OR 值。从模型1回归结果可知，以"是否具有借款被拒经历"衡量的融资约束变量正向影响农户家庭多维贫困，并且在1%的置信水平上显著。表明融资约束显著增加了农户家庭多维贫困发生概率。由于模型2中 finacot 对应的 OR 值为1.193，表明受到融资约束的家庭多维贫困发生概率要高于没有遭遇融资约束家庭19.3个百分点。意味着增加农村地区信贷供给，缓解农户融资约束将有利于降低农村多维贫困发生率。这与已有大多数学者的研究结论是一致的。

表8.9   **基准回归模型估计结果**

变量	模型1	模型2	模型3	模型4	模型5	模型6	模型7	模型8
finacot	0.176 ** (0.077)	1.193 ** (0.091)	—	—	—	—	0.078 (0.043)	1.081 (0.046)
lnrqlj	—	—	−0.175 *** (0.030)	0.839 *** (0.025)	−0.058 *** (0.020)	0.944 *** (0.019)	−0.167 *** (0.034)	0.846 *** (0.028)

续表

变量	模型 1	模型 2	模型 3	模型 4	模型 5	模型 6	模型 7	模型 8
relative	—	—	0.044 (0.092)	1.045 (0.096)	0.257** (0.100)	1.293** (0.129)	−0.044 (0.105)	0.956 (0.100)
neignbei	—	—	−0.082 (0.075)	0.921 (0.069)	0.003 (0.077)	1.003 (0.077)	−0.066 (0.087)	0.935 (0.081)
nbtrust	—	—	−0.049** (0.020)	0.952*** (0.020)	−0.009*** (0.002)	0.991*** (0.002)	−0.051** (0.023)	0.949** (0.022)
untrust	—	—	0.019 (0.020)	1.019 (0.020)	0.038 (0.030)	1.039 (0.032)	0.017 (0.023)	1.017 (0.023)
cdtrust	—	—	0.015 (0.016)	1.015 (0.016)	−0.080*** (0.016)	0.922*** (0.015)	0.017 (0.019)	1.016 (0.018)
politogs	—	—	−0.603*** (0.144)	0.547*** (0.079)	−0.133* (0.068)	0.875* (0.069)	−0.620*** (0.167)	0.538*** (0.089)
assoogs	—	—	−0.037 (0.141)	0.964 (0.137)	0.279 (0.165)	1.323 (0.203)	−0.178 (0.167)	0.836 (0.139)
lnrqlj×*fina*	—	—	—	—	—	—	−0.027* (0.014)	0.973* (0.015)
relat×*fina*	—	—	—	—	—	—	0.370* (0.216)	1.447* (0.312)
neigh×*fina*	—	—	—	—	—	—	−0.042 (0.167)	0.958 (0.160)
nbtru×*fina*	—	—	—	—	—	—	0.030 (0.047)	1.013 (0.047)
untru×*fina*	—	—	—	—	—	—	0.001 (0.044)	1.001 (0.044)
cdtru×*fina*	—	—	—	—	—	—	−0.001 (0.035)	0.999 (0.035)
polit×*fina*	—	—	—	—	—	—	−0.036* (0.018)	0.964 (0.021)
asso×*fina*	—	—	—	—	—	—	0.485 (0.320)	1.624 (0.519)

续表

变量	模型1	模型2	模型3	模型4	模型5	模型6	模型7	模型8
outwork	−0.499*** (0.058)	0.607*** (0.035)	−0.397*** (0.065)	0.672*** (0.043)	0.134** (0.067)	1.143** (0.077)	−0.397*** (0.065)	0.672*** (0.043)
holdedu	0.010 (0.006)	1.010 (0.007)	0.007 (0.007)	1.007 (0.007)	0.011 (0.007)	1.011 (0.007)	0.008 (0.007)	1.008 (0.007)
holdmarry	0.976*** (0.081)	2.653*** (0.216)	−0.953*** (0.092)	2.593*** (0.237)	0.093 (0.100)	1.097 (0.110)	0.950*** (0.092)	2.585*** (0.237)
econom	−0.198*** (0.034)	0.820*** (0.027)	−0.218*** (0.037)	0.804*** (0.030)	−0.001 (0.037)	0.998 (0.037)	−0.219*** (0.037)	0.802*** (0.029)
xcdistan	0.004*** (0.001)	1.004*** (0.001)	0.004*** (0.001)	1.004*** (0.001)	−0.001 (0.001)	0.999 (0.001)	0.004*** (0.001)	1.003*** (0.001)
LR	674.52***		640.61***		203.89**		646.49***	
Look-likelihood	−3672.647		−2962.437		−2776.577		−2959.496	

注：括号内为标准差，***、**和*分别表示在1%、5%和10%的水平上显著。

8.3.2.2　社会资本异质性对农户家庭多维贫困影响的实证分析

表8.9模型3和模型4分别给出了不考虑融资约束的情况下，社会资本异质性对农户家庭多维贫困影响的回归结果及其OR值。社会网络维度中，表征家庭总体社会网络规模的人情礼金支出（lnrqlj）对农户家庭多维贫困的影响负向显著，而亲戚交往联络（relative）、邻居交往联络（neignbei）对农户家庭多维贫困的影响不显著。表明总体社会网络规模扩大能够显著降低农户家庭多维贫困发生率，进一步从其对应的OR值可知，人情礼金支出每增加1个单位，农户家庭陷入多维贫困的概率将下降16.1%。社会信任维度中，邻里信任与农户家庭多维贫困显著负相关，表明邻里信任提高有利于降低家庭多维贫困发生概率。具体而言，邻里信任每增加1个单位，农户家庭陷入多维贫困的概率将下降4.8%。而陌生人信任、干部信任对农户家庭多维贫困的影响不显著。社会参与维度中，参与政治关联性组织对农户家庭多维贫困的影响负向显著。相对于没有参与政治关联性组织的家庭，参与政治关联性组织的家庭陷入多维贫困的概率将下降

45.3%。参与群团协会和互助性组织对农户家庭多维贫困的影响不显著。表明并不是所有的社会资本都能有效促进农户家庭多维贫困缓解。不同类型社会资本对农户家庭多维贫困的影响存在显著差异。如果我们进一步将家庭总体社会网络规模、邻里信任、政治关联性组织参与视为农户家庭的优质社会资本，将邻居交往联络、亲戚交往联络、陌生人信任、干部信任、协会群团与互助性组织参与视为农户家庭的普通社会资本，上述结论意味着仅优质社会资本才能够有效促进农户家庭多维贫困缓解，而普通社会资本对农户多维贫困缓解的作用还未能有效显现。

8.3.2.3 社会资本对农户融资约束影响的实证分析

表 8.9 模型 5 和模型 6 给出了异质性社会资本对农户家庭融资约束影响的估计结果及其 OR 值。从中可知，家庭总体社会资本网络规模（人情礼金支出）、邻里信任、干部信任、参与政治关联性组织对农户融资约束的影响显著为负。表明这些类型社会资本显著抑制了家庭融资约束发生的概率。具体而言，人情礼金支出、邻里信任、干部信任每增加 1 个单位，家庭发生融资约束的概率将分别下降 5.6%、0.9%、7.8%。而相对于没有参与政治关联性组织的家庭，参与政治关联性组织的农户家庭发生融资约束的概率将下降 12.5%。亲戚交往联络对农户融资约束的影响正向显著。表明亲戚交往联络显著增加了农户融资约束发生的概率。除此之外，其他类型社会资本对融资约束的影响不显著。

8.3.2.4 社会资本异质性与融资约束对农户家庭多维贫困影响的实证分析

上文分别分析了社会资本异质性、融资约束对农户家庭多维贫困的影响效应，那么，社会资本、融资约束是否交互影响农户家庭多维贫困？社会资本介入下融资约束对农户多维贫困的影响关系是否有所变化？为了弄清楚这个问题，我们进一步构建社会资本、融资约束及其交互项对农户家庭多维贫困影响的计量方程，分析两者对农户家庭多维贫困的交互影响效应。表 8.9 模型 7 和模型 8 给出了社会资本与融资约束以及两者的交互项对农户家庭多维贫困影响的回归结果。从中可知，加入融资约束变量及其与 8 种异质性社会资本变量的交互项后，社会网络维度的家庭总体社会网络规模、社会信任维度的邻里信任、社会参与维度的政治关联性组织参与对农户家庭陷入多维贫困的影响依然负向显著，与模型 3 和模型 4 的结论保持一致。值得注意的是，融资约束对农户家庭多维贫困的影响由此前的正向显著转变为正向不显著。表明社会资本介入一定程度上影响了融资约束的致贫效应。同时，从交叉项来看，社会网络维度中的人情礼金支出与融资约束的交叉项、社会参与维度中的参与政治关联性组织与融资约束的交叉项均在 10% 的置信水平上负向显著，亲戚交往联络与融资约束的交互项在 10% 的置信水平上正向显著。其他类型社会资本与融资约束的交叉项均不显著。表明家庭总体社会网络规模、参与政治关联性组织这两类社会资本与融资约束交互影响农户家庭多维贫困。该交互效应显著降低了农户家庭陷入多维贫困的概率。而亲戚交往联络与融资约束的交互效应显著增大了农户家庭多维贫困发生概率。结合上文模型 1 至模型 4 的结论可知，家庭总体社会网络规模、参与政治关联性组织这两类社会资本对农户融资约束产生了负向调节效应，显著抑制了融资约束发生的概率，进而降低了农户家庭陷入多维贫困的概率；而亲戚交往联络对融资约束产生了正向调节效应，进一步强化了融资约束，进而增大了农户家庭陷入多维贫困的概率。由此可见，社会资本是影响农村金融减贫效应的一条重要途径。

从控制变量看：劳动力就业转移能够显著降低家庭多维贫困发生的概率，表明劳动力就业转移是缓解农户多维贫困的有效途径。相对于未婚户主家庭，在婚户主家庭陷入多维贫困的概率更高。经济发展水平越高、距离县城越近的村庄的农户家庭，陷入多维贫困的概率越小。

8.4　稳健性检验

采用替代变量法进行稳健性检验：

（1）替换被解释变量。结合张全红和周强（2014）的研究方法，进一步测算出多维贫困指数作为被解释变量的替代变量，重新估计社会资本、融资约束对农户家庭多维贫困指数的影响。由于多维贫困指数为介于 [0，1] 之间的连续变量，因此，我们采用 Tobit 模型进行实证检验，结果如表 8.10 中模型 9、模型 10、模型 12 所示。采用"家庭贷款被拒次数"（ *re-jec* ）替代"家庭是否有借款被拒经历"来衡量融资约束情况，并重新估算社会资本对融资约束的影响，结果如模型 11 所示。

（2）替换主要解释变量。参照王金哲（2019）的研究，采用家庭通信费用支出（ *commu* ）替代表征家庭总体社会网络规模的人情礼金支出变量；采用"对他人的信任"（ *belie* ）替代邻里信任变量，将回答"大多数人是可以信任的"设置为 1，回答"越小心越好"设置为 0；采用家庭"是否有人具有行政职务"（ *admi* ）替代"家庭是否参与政治关联性组织"变量。将上述 3 个替代变量纳入模型，重新估计社会资本、融资约束对农户家庭多维贫困的影响，结果如表 8.10 中模型 13、模型 14 和模型 16 所示。此外，将融资约束的替代变量和 3 个主要社会资本解释变量的替代变量同时纳入模型，重新估计社会资本对融资约束的影响，结果如模型 15 所示。从中可知，不考虑社会资本的情况下，融资约束依然显著正向影响农户家庭多维贫困（模型 9、模型 13）；不考虑融资约束的情况下，家庭三类优质社会资本依然负向显著影响农户家庭多维贫困（模型 10、模型 14）；同时考虑融资约束、社会资本及其交互项的情况下（模型 12、模型 16），三类优质社会资本对农户家庭多维贫困的影响依然负向显著，融资约束对农户家庭多维贫困的影响变为正向不显著。此外，全部采用被解释变量、解释变量的替代变量的情况下，三类优质社会资本对融资约束的影响依然负向显著（模型 11、模型 15）。这些结论均与表 8.9 的主要研究结果保持一致，表明本研究结论是稳健的。

表 8.10　　　　　　　　　　　稳健型检验结果

变量	模型 9	模型 10	模型 11	模型 12	模型 13	模型 14	模型 15	模型 16
finacot/rejec	0.027 ** (0.013)	—	—	1.020 (0.841)	0.012 ** (0.005)	—	—	0.041 (0.036)

续表

变量	模型 9	模型 10	模型 11	模型 12	模型 13	模型 14	模型 15	模型 16
lnrqlj/commu	—	−0.016 *** (0.002)	−0.198 ** (0.033)	−0.018 *** (0.002)	—	−0.024 *** (0.004)	−0.102 *** (0.039)	−0.022 *** (0.005)
relative	—	−0.101 (0.077)	0.044 ** (0.021)	−0.123 (0.105)	—	−0.006 (0.013)	0.045 ** (0.021)	−0.001 (0.156)
neignbei	—	−0.137 ** (0.067)	0.031 (0.081)	−0.107 (0.087)	—	−0.009 (0.011)	0.025 (0.081)	−0.012 (0.013)
nbtrust/belie	—	−0.011 * (0.006)	−0.030 *** (0.012)	−0.014 * (0.007)	—	−0.006 * (0.003)	−0.011 ** (0.005)	−0.007 * (0.004)
untrust	—	0.021 (0.017)	−0.030 (0.021)	0.012 (0.023)	—	0.001 (0.002)	−0.031 (0.021)	0.003 (0.004)
cdtrust	—	0.023 (0.014)	−0.046 *** (0.017)	0.025 (0.018)	—	0.004 (0.002)	−0.047 *** (0.017)	0.004 (0.003)
politogs/admi	—	−0.093 * (0.053)	−0.203 * (0.103)	−0.150 ** (0.068)	—	−0.131 *** (0.024)	0.089 * (0.040)	−0.125 *** (0.028)
assoogs	—	−0.069 (0.132)	−0.036 (0.158)	−0.203 (0.168)	—	0.009 (0.022)	−0.043 (0.158)	−0.035 (0.026)
lnrqlj × fina/ commu × fina	—	—	—	−0.184 *** (0.057)	—	—	—	−0.021 ** (0.010)
relat × fina	—	—	—	0.429 ** (0.217)	—	—	—	0.030 *** (0.013)
neigh × fina	—	—	—	−0.024 (0.168)	—	—	—	−0.007 (0.025)
nbtru × fina/ belie × fina	—	—	—	−0.006 (0.017)	—	—	—	−0.001 (0.007)
untru × fina	—	—	—	−0.010 (0.046)	—	—	—	−0.007 (0.006)
cdtru × fina	—	—	—	0.008 (0.043)	—	—	—	−0.001 (0.005)

变量	模型 9	模型 10	模型 11	模型 12	模型 13	模型 14	模型 15	模型 16
polit × fina/ admi × fina	—	—	—	− 0. 149 ** (0. 058)	—	—	—	− 0. 116 * (0. 055)
asso × fina	—	—	—	0. 598 * (0. 321)	—	—	—	0. 070 (0. 048)
控制变量	控制	控制	控制	控制	控制	控制	控制	控制
LR	676. 02 ***	801. 80 ***	174. 99 **	705. 99 ***	1642. 110 ***	1424. 700 ***	176. 69 **	1398. 950 ***
Look-likelihood	− 3671. 898	− 3609. 012	− 2613. 221	− 2929. 750	− 2921. 857	− 2324. 415	− 2612. 371	− 2337. 286

注：括号内为标准差，***、** 和 * 分别表示在 1%、5% 和 10% 的水平上显著。

8.5　结论与启示

本章基于 2014 年 CFPS 微观截面数据，采用 Logit 模型和 Tobit 模型实证研究了社会资本异质性、融资约束对农户家庭多维贫困的影响效应。研究结果表明：第一，样本期间农户家庭多维贫困发生率较高，有 64.61% 的农户家庭表现为不同程度的多维贫困状态，其中二维贫困家庭占据多维贫困家庭的一半以上。第二，农村地区农户融资对象以亲戚、银行和朋友为主，但农户融资约束依然显著存在。不考虑社会资本的影响，融资约束显著增加了农户家庭陷入多维贫困的概率。第三，不同类型社会资本对农户家庭多维贫困的影响存在显著差异。社会网络维度中的人情礼金支出、社会信任维度的邻里信任、社会参与维度的政治关联性组织参与能够显著降低农户家庭多维贫困发生率。而社会网络维度的亲戚关系与邻里关系、社会信任维度的陌生人信任与干部信任、社会参与维度的群团协会与互助性组织参与对农户家庭多维贫困的影响均不显著。第四，不同类型社会资本对农户融资约束的影响存在差异。家庭总体社会资本网络规模、邻里信任、干部信任、参与政治关联性组织显著降低了家庭融资约束发生的概率。而亲戚交往联络显著增加了农户融资约束发生的概率。第五，社会资本与融资约束交互影响农户家庭多维贫困。家庭总体社会网络规模与融资约束、参与政治关联性组织与融资约束均交互影响农户家庭多维贫困，两者的交互效应显著降低了农户家庭多维贫困发生率。而亲戚交往与融资约束的交互效应进一步增大了农户家庭多维贫困发生率。意味着，社会网络总体规模和政治关联性组织参与两类优质社会资本介入显著抑制了融资约束的致贫效应，而亲戚交往联络则进一步强化了融资约束的致贫效应。

上述结论为相关部门制定并实施精准扶贫和"三农"发展政策提供了有意义的政策启示：其一，政府在重视对农村地区以收入贫困为主导的已生贫困的精准帮扶与靶向施治的同时，也要针对我国扶贫工作的多维减贫目标，加快制定出台多维贫困标准，确定农村反贫困政策干预的优先级和优先顺序，提高贫困识别的精准度和扶贫帮扶的精准度。其二，在农村扶贫过程中，除了需要重视物质资本、人力资本扶贫，也应该重视社会资本对于农户家庭多维贫困缓解的积极作用，注重培育和拓展贫困农户家庭的社会网络关系、帮助其建立起良好的邻里信任，鼓励他们积极关注和加入政治关联性组织。其三，有必要尝试将社会资本作为一种非正式制度确立为农户反贫困的政策措施。一方面，在动态监测与识别农户多维贫困状况时，可以将农户现有的社会网络、社会信任、社会参与等异质性社会资本纳入考察范围，提高贫困识别的精准性，降低农户致贫、返贫的可能性。另一方面，积极倡导以亲缘、地缘、血缘和业缘等形成规范化、组织化的社会关系网络，通过加强农村地区信用体系建设，宣扬互帮互助精神，培育良好村风民风家风等途径，充分挖掘并释放农村异质性社会资本所内隐的多样化扶贫价值。其四，借助社会资本这一"特质性资源"，推进旨在缓解农户融资约束、满足农户信贷需求的农村金融制度创新有着特别重要的意义。如金融机构在审核农户贷款申请时，除考虑农户的抵押担保等财务信息外，还可以参考其道德品质、社会网络、邻里评价、政治关联等社会资本信息，优化农户信用综合评价，增加抵押担保品不足但社会资本充裕的贫困农户贷款的可及性，进一步挖掘出更多潜在的贷款客户，提高金融扶贫的力度与效度。其五，应该采取措施大力推进农村地区交通、医疗、卫生等基础设施条件改善，促进农村贫困家庭劳动力就业转移、提高贫困地区经济社会发展水平，多途径、多渠道缓解农户家庭多维贫困，切实实现农村多维贫困的长效性治理。

第 9 章

促进农村多维减贫的政策优化研究

我国农村正规金融、非正规金融与社会资本不同程度地促进了农村多维贫困缓减。然而，不可忽视的是，我国农村多维减贫依然面临巨大压力。新形势下，有必要进一步深化农村金融体制改革，针对新农村建设和反贫困进程中农户家庭信贷需求和社会资本的特点，探索构建与之相适应的新型农村金融服务体系和社会资本培育体系。本章结合中国农村金融、社会资本减贫现状及其减贫效应，就提升农村金融减贫效应和社会资本减贫效应的政策优化提出如下建议。

9.1 加快形成农村多元金融扶贫格局

总体而言，建立一个及时、有效、普惠、竞争的农村金融市场，形成农村多元金融扶贫格局无疑将能更好地满足农村不同收入层次农户的融资需求，提高中、低收入农民的信贷满足程度，促进不同层次农户家庭不同维度贫困缓解。现阶段我国农村金融扶贫需要国家正规金融制度的安排，更需要民间非正规金融的助力与支持。政府应该进一步深化农村金融改革，就正规金融而言，需要进一步为农户特别是贫困农户融资提供更全面的政策支持，降低其贷款门槛与利息水平，金融机构要创新农村金融扶贫产品，拓宽农村金融扶贫服务范围，增加农村金融市场资金供给，满足贫困农户特别是多维深度贫困农户不同类型的金融服务及其信贷需求。深入挖掘正规金融对贫困农户家庭生活条件改善、人力资本投资等方面的支持与保障作用。就非正规金融而言，应该在给予其更宽广的发展空间与发展环境的同时，加快推进非正规金融的合法化进程，制定非正规金融的监管红线，逐步完善非正规金融监管体系，推动农村社会信用体系构建，有效防控和化解非正规借贷风险，积极引导合理合规的诸类非正规金融加入精准扶贫体系之中。积极探寻非正规金融与正规金融市场的合作、链接机制与渠道，促进两者优势互补与农村金融市场的良性发展。同时，要注重培育农村地区良好的金融生态，针对贫困地区低端信贷市场的特征进行更加深入的金融创新，稳步放宽村镇银行、社区银行等新型微型金融机构的准入门槛，积极引导新型微型金融机构发展。基于农村小额信贷在贫困缓解中不可忽视的重要效应，有必要进一步加大贫困地区小额信贷政策支持力度，促进农村小额信贷健康快速发展，进一步优化农村小额信贷供给结构，加快完善和推进以改善民生为重点的生产、消费等信贷促进机制，适当放开消费信贷供给的约束成分。考虑到小额信贷减贫效应的区域不平衡性，应强化对农村小额信贷扶贫薄弱地区的金融支持，扩大信贷扶贫项目覆盖广度与覆盖深度，逐步缩小农村信贷扶贫的地区差距，提高信贷扶贫的针对性和有效性。

9.2　大力培育农村社会资本

小心维护并积极培育社会资本将是促进农村可持续脱贫的重要保障。在农村扶贫过程中，除了需要重视物质资本、人力资本扶贫，也应该重视社会资本对于农户家庭多维贫困缓解的积极作用，注重培育和拓展贫困农户家庭的社会网络关系，帮助其建立起良好的邻里信任，鼓励他们积极关注和加入互助协会、产业联盟等多样化组织。同时，有必要尝试将社会资本作为一种非正式制度确立为农户反贫困的政策措施。一方面，在动态监测与识别农户贫困状况时，可以将农户现有的社会网络、社会信任、社会参与等异质性社会资本纳入考察范围，提高贫困识别的精准性，降低农户致贫、返贫的可能性。另一方面，积极倡导以亲缘、地缘、血缘和业缘等形成规范化、组织化的社会资本，通过加强农村地区信用体系建设、宣扬互帮互助精神、培育良好村风民风家风等途径，充分挖掘并释放农村异质性社会资本所内隐的多样化扶贫价值。农村基层政府可以采取措施，督促并组织不同类型农户之间形成互帮互助小组，加入产业组织等加强农民的组织化程度，加强农户之间交流、学习及互利，增加农户特别是贫困农户在各级工会及政治关联性组织中的参与比例，提高农民的话语权，推动贫困地区农户社会网络资本、社会信任程度、社会参与广度与深度、组织化程度、集体行动等方面的发展。同时，借助社会资本这一"特质性资源"，推进旨在缓解农户融资约束、满足农户信贷需求的农村金融制度创新有着特别重要的意义。如金融机构在审核农户贷款申请时，可以将农户道德品质、社会网络、邻里评价、政治关联等纳入农户信用综合评价，进一步挖掘出更多潜在的贷款客户，提高金融扶贫的力度与效度。此外，还应该加强农村社会资本投资与建设，注重农户家庭社会资本培育，加强农村文化建设，丰富农民精神文化生活，倡导诚实守信、合作互助、团结友爱的文明乡风，为农民之间交往联络、提升友谊创造机会与条件。充分发挥农村社会关系、社会网络等非正规机制对农村贫困缓解的积极作用。

9.3 加强陷贫返贫风险防范与应对

基于现阶段农户家庭多维贫困存在脱贫、返贫的动态转化特征，促进贫困家庭摆脱贫困和防范非贫困家庭陷入贫困都应该成为当前农村贫困治理的重要内容。一方面，政府需要高度重视对农村地区以收入贫困为主导的已生贫困的精准帮扶与靶向施治，要树立高质量脱贫观念，结合贫困家庭特征及其贫困类型、表现、程度的不同与资源禀赋，进行分类干预和精准扶助；根据当前国家"脱贫不脱政策"的总体要求，立足于"两不愁三保障"标准，多维度对贫困户进行全方位帮扶。另一方面，也需要全面加强对非贫困家庭陷贫或已脱贫家庭返贫的风险防范。将贫困治理节点前移，建立健全风险预警机制，关注后续巩固需求，对可能陷贫、返贫的边缘性家庭进行提前识别与干预，提升防贫治贫的精准性与实效性，及时有效化解返贫风险。同时，防返贫举措也应该精准对焦、明确靶向，找准并堵上可能导致陷贫、返贫的风险点。重点关注自然灾害高发地区的脱贫户、劳动力意外事故伤残可能性高的脱贫户、家庭成员有大病重疾隐患的脱贫户、就业不稳定的脱贫户以及产业经营存在失败风险的非贫困户、赡养比和抚养比较高的非贫困户等等，尽早识别和排查出需要进一步防范陷贫风险和巩固脱贫成效的农户，关注其后续巩固需求，形成短期、中期、长期相结合的巩固体系，阻断陷贫、返贫潜在风险及其实际发生之间的关联，促进可持续脱贫。

9.4 协同推进脱贫攻坚与乡村振兴战略实施

中共十九大将精准脱贫作为决胜全面建成小康社会的三大攻坚战之一，同时将乡村振兴作为实现"两个一百年"奋斗目标的一项战略举措。两者互为表里，相互促进，相互支撑。精准扶贫是当前我国全面推进乡村振兴的载体与内在要求，而乡村振兴即是精准扶贫的最终目的与外延表达，也是对精准扶贫实施成效的全面校验。但是，在精准扶贫过程中，由于农村地区人口文化层次参差不齐、相关政策与制度贯彻落实不到位、狭隘小农思想导致非合作主义、群体思想观念落后等原因，一定程度上造成扶贫攻坚与乡村振兴战略推进过程的脱节甚至背离。为此，要采取措施将两大战略统一到同一轨道上来，推进两者协同发展。一方面，要大力推进农村社会治理机制体制改革，健全精准扶贫与乡村振兴协同推进的机制体制。包括扶贫资金管理体系、脱贫考核体系、扶贫项目监督体系等等。切实做到信息公开、公正、公平。同时，将乡村振兴战略全面融入精准扶贫方略。要依托"互联网＋"，强化精准扶贫与乡村振兴协同推进的技术支撑。构建信息入村、入户服务体系，加强对贫困地区人口相关技术技能的培训，提高新技术及其应用在贫困农村地区农户的接受度。乘着乡村振兴战略的春风，启动人才返乡创业行动，引导人才向农村流动，带动智慧、资金、技术等要素向农村地区聚集，增强农村地区内生动力，稳步推进农业现代化建设。另一方面，要重点把握生态宜居这个关键。农村最大的优势和最宝贵的财富就是拥有良好的生态环境。要始终坚持践行绿水青山就是金山银山的生态理念，把农村生态环境保护放在重要位置，绝不能为了短期脱贫抑或眼前的产业发展和民生改善而持久的破坏生态环境。此外，有必要加大投入，采取措施大力改善贫困农村地区交通、医疗、卫生、教育等基础设施条件，从根本上改变深度贫困农村地区交通闭塞落后的局面，打破地区可持续发展的交通瓶颈。加强贫困农村地区医疗卫生网络体系建设，改善医疗卫生条件，促进基本医疗公共卫生服务均等化等健康投资和制度安排，稳步提高农民健康水平，大力降低因病致贫、因病返贫等现象发生率。健全工作机制，抓住关键环节，加大资源倾斜力度，全面改善贫困地区义务教育薄弱学校基本办学条件，全面加强乡村教师队伍建设，阻断贫困代际传递。完善贫困地区劳动力就业服务体系建设，引导贫困地区农民稳步转变择业观念，提升农村劳动力非农技能培训覆盖面，加快培育新型职业农民，增强造血功能，切实保障贫困人口脱贫致富的可持续性。大力开发适宜就业岗位，增加城郊地区和乡镇劳动力市场容量，促进城乡就业对接，促进农村贫困家庭剩余劳动力向非农产业和城镇转移。加强贫困地区乡镇干部队伍建设，坚持严管厚爱并重，统筹加强农村基层一线工作力量，大力激发农村基层干部干事创业活力，全面提高贫困地区经济社会发展水平，多途径、多渠道缓解贫困农村地区多维贫困，切实实现农村多维贫困的长效性治理。

结论与展望

10.1 主 要 结 论

  本研究借鉴国内外相关研究成果，结合农村金融发展相关理论、社会资本相关理论、贫困与贫困缓减相关理论，对社会资本和多维贫困的定义与内涵进行了界定，对社会资本的三个维度：社会网络、社会信任和社会参与进行了重点释义。构建系列理论分析框架，就农村金融抑制对农民内部收入不平等影响的机理进行了系统解析，从微观层面就社会网络、社会信任、社会参与对农户信贷影响的机制及其传导路径进行了探讨。同时，就小额信贷影响农户多维贫困的机理进行了系统分析。在此基础上，结合我国县域农村金融发展现状、农户家庭收入贫困以及多维贫困现状，以及农户家庭异质性社会资本现状，采用省级宏观面板数据、CFPS 大型微观调查数据，借助空间杜宾模型、面板平滑转换模型、面板分位数回归模型、Logit 模型、Tobit 模型等系列前沿计量模型实证分析了县域农村金融发展的空间关联特征、县域农村金融发展对农民内部收入不平等的影响、小额信贷的多维减贫效应、农村金融与社会资本的多维减贫效应、异质性社会资本对农户融资约束的影响效应以及两者对农户多维贫困的交互影响效应；并结合国外典型国家农村金融减贫的实践与经验，就中国农村多维减贫的策略优化及其实现路径提出了相关建议。通过以上理论分析与实证研究主要得出以下七个方面的结论：

第一，我国连片特困地区县域农村金融发展水平存在显著的空间关联效应。空间邻接或地理距离相近的县域，或行政隶属于相同地市级的县域，其金融发展水平均存在正向空间关联。政府干预对连片特困地区县域内和县域间金融发展均存在正向空间溢出效应。并且空间上邻接、地理距离邻近的县域政府干预对金融发展的空间溢出效应更强。研究同时发现，经济基础对县域内金融发展存在正向空间溢出，对县域间金融发展存在负向空间溢出。基础设施、投资水平对县域内金融发展均存在正向空间溢出，人口密度对县域内金融发展存在负向空间溢出。三者对县域间金融发展的空间溢出效应不显著。产业结构对县域内和县域间金融发展的空间溢出效应均不显著。

第二，金融抑制引致农民内部收入分层的理论解释是：由于贫困地区金融抑制和信贷配给的存在，穷人只能选择使用传统劳动并滞留于传统部门，并面临更低的存款利率和更高的贷款利率，其财富增长更慢，甚至陷入贫困陷阱。富人由于能够选择生产经营性投资，并面临更低的贷款利率和更高的存款利率，其财富增长更快，并将永远远远高于穷人。由于贫困地区金融市场中穷人和富人的"机会不平等"，导致农民内部收入分配不平等长期存在，并形成"两极分化"的态势。金融抑制程度越深，信贷配给程度越强时，农村内部收入分配差距将越大。来自连片特困 66 个县域面板数据的实证分析表明：连片特困地区金融抑制对不同收入层次农民收入的影响存在异质性。金融抑制程度缓解有利于促进较高收入层次农民的收入增长，并且对最高收入层次农民增收的促进作用最强；但无益于较低收入层次农民的收入增长。金融抑制进一步加剧了连片特困地区农民内部收入差距，使贫者愈贫，富者愈富。验证了"金融抑制导致农户收入分层"理论分析的正确性。

第三，农村小额信贷通过放松抵押担保制约、缓解信息不对称、降低客户交易成本等手段为中低收入群体提供了平等地进入信贷市场的机会，进而为他们福利的改善带来了可能。小额信贷缓解贫困的效应主要是通过改善信贷分配来实现的，这种影响主要体现在两个方面：一是小额信贷对参与者生产经营活动的影响；二是小额信贷对参与者福利分配的影响。小额信贷对贫困缓减的影响主要取决于福利增长效应和福利分配效应的共同作用，由于不同时期小额信贷的覆盖广度、覆盖深度以及覆盖强度等方面存在差异，在小额信贷发展的不同水平区间，其对农村多维贫困缓减的效应也存在差异。基于 30 个省份的面板数据和 PSTR 模型研究发现：小额信贷发展的多维减贫效应显著，并且在不同的发展水平上，其对农村多维贫困的影响存在显著差异，呈现门槛特征。小额信贷在自身发展较高水平区间不仅能有效促进农民收入增长，而且对收入分配的改善效应也更强；小额信贷能促进农村教育福利的改善，并且在自身发展水平较高区间对教育福利的改善效应更强；对应于门槛值前后，小额信贷对农村医疗福利的改善效应由抑制转变为促进；但均无益于农村居民生活条件的改善。农村小额信贷减贫效应的地区差异显著，北京、上海、山西、广东、天津是小额信贷多维减贫效应最为显著的地区，而江西、广西、海南、新疆农村小额信贷的多维减贫效应还有很大的提升空间。

第四，社会资本中的社会网络、社会信任、社会参与等通过不同的途径对农户信贷产生影响。社会网络资本对农户信贷的影响机制主要体现在有效信息机制上。有效信息机制可以保障社会网络资本在农户借贷中发挥作用，同时它也为社会网络资本形成奠定了坚实基础。依靠农户家庭之间的社会网络资本，放贷者与贷款者之间的信息不对称可以通过社会网络关系的流动得到缓解，这将在很大程度上缓解交易双方的信息不对称问题，进一步降低借贷双方的交易成本，提高借贷供需匹配的概率。成员与成员之间通过关系网络搭桥形成关联效应，加上彼此网络节点的叠加，使社会网络发挥出信息流通和资本聚集效应。降低了信息不对称程度，体现了信息收益价值。同时，关系网络成员之间建立起来的有效信任机制能够作为一种隐形抵押，从而提高农户信贷可获性。此外，农户个体通过不同的社会组织参与，能够进一步增大自身社会资本规模，提升自生社会资本质量，进而在更大的社会网络结构中获取信息与资源、共享利益、建立互信与合作，进而提升个体和集体行动的有效性。这些都有利于缓解农户金融抑制，促进农户信贷需求得到满足。

第五，农户家庭福利状态不是一成不变的，而是处于不断动态变化之中。教育人力资本、社会资本、劳动力就业转移、政府补助、户主年龄、村庄区位等都不同程度影响农户家庭多维贫困动态转换，并且对于家庭脱离贫困和陷入贫困的影响存在异质性。家庭劳动力人均教育程度提高将显著增加农户家庭脱离收入贫困、生活条件贫困、机会贫困以及家庭多维贫困缓解的概率，显著降低家庭陷入上述诸类贫困的概率。社会资本积累增加将显著增加家庭脱离三类贫困的概率，并显著降低家庭陷入相对收入贫困和生活条件贫困的概率。户主年龄对家庭脱离绝对、相对收入贫困和多维贫困的影响表现为将先上升后下降的倒 U 形特征；对陷入贫困的影响正好与此相反。家庭成员增加将显著降低农户脱离生活条件贫困和机会贫困的概率。获得政府补助促进了农户家庭机会贫困缓解，但某种程度上也加剧了农户陷入生活条件贫困的倾向和动机。

第六，农户家庭总体社会资本、正规金融与非正规金融对农户家庭多维贫困转化的影响效应显著，但存在差异。社会资本能够显著增加家庭脱离收入和能力提升机会贫困的概率，显著降低家庭陷入两类贫困的概率。正规金融能够显著增加家庭脱离收入与能力提升机会贫困的概率，显著降低家庭陷入收入贫困的概率。非正规金融能够显著增加家庭脱离健康与多维贫困的概率，显著降低家庭陷入收入和多维贫困的概率。社会资本与农村金融交互影响农户家庭多维贫困转化。社会资本的增强不仅进一步强化了非正规金融促进农户家庭脱离收入贫困的正向效应，也进一步强化了其抑制农户家庭陷入健康贫困的积极效应。同时，也强化了正规金融缓解农户家庭收入贫困的积极效应。社会资本介入下，非正规金融对家庭脱离收入贫困的促进效应要强于正规金融，而正规金融抑制家庭陷入收入贫困的作用更加明显。

第七，社会资本能够通过缓解农户融资约束进而促进农户家庭多维贫困缓解。但不同类型社会资本缓解农户融资约束的作用不同，进而导致其对农户家庭多维贫困的影响存在差异。我国农户家庭多维贫困发生率相对较高，且以二维贫困家庭为主。农村地区农户家庭融资约束依然存在，融资约束显著抑制了农户家庭多维贫困缓解。不同类型社会资本对农户融资约束与多维贫困的影响存在显著差异。家庭总体社会网络规模、邻里信任、政治关联性组织参与显著降低了家庭融资约束和多维贫困概率；干部信任显著降低了家庭融资约束概率，而亲戚交往显著增加了农户融资约束概率。社会资本与融资约束交互影响农户家庭多维贫困，但因社会资本类型的不同而存在差异。家庭社会网络总体规模、政治关联性组织参与两类优质社会资本介入显著抑制了融资约束的致贫效应，而亲戚交往联络则进一步强化了融资约束的致贫效应。

10.2 展　　望

农村金融、社会资本及其与多维贫困缓减关系是一个复杂的动态过程，由于时间和水平有限，本书还存在一定的局限性，有待今后进一步研究和思考。

第一，由于数据获取的限制，对于农户家庭贫困的多维表现形式，本研究仅探讨了农户家庭收入、生活条件、健康、机会、就业等相关维度的贫困状态，未能就其他维度贫困进行探讨，未来的研究，需要进一步加大田野调查力度，以期能够完善对农户家庭更多维度贫困状态及其动态转化的相关研究。

第二，本研究在比较分析框架下，采用 PSTR、Logit 等诸多计量模型就农村正规金融、非正规金融与不同类型社会资本的多维减贫效应进行了实证分析。这为农村多维减贫研究提供了新的思路。未来研究可以进一步引入空间 DID 与动态面板门槛回归分析方法，尝试从空间与动态视角全面分析农村金融、社会资本相关政策实施对农村多维贫困缓减的影响效应、特征以及动态演进趋势。

第三，本研究探讨了社会网络、社会信任、社会参与等异质性社会资本对农户家庭多维贫困的影响。但是，大部分是基于静态视角，对社会资本的动态研究尚显不足。社会资本是拥有资源的人们集结成的网络关系，这种网络不是固定不变的，而是随着时间的推移、环境的变迁和成员心理的变化而不断变化的。在网络形成、发展和完善阶段，其对农户多维贫困的影响也应该存在差异。同时，本研究对于不同类型社会资本作用于多维贫困的机理的理论探讨还有待进一步深入。未来研究一方面要尝试挖掘社会资本的动态定义，从动态视角测度社会资本；另一方面，要进一步深入探讨不同类型社会资本彼此之间的内在机理及相互作用关系，探索不同类型的社会资本对农户多维贫困的影响机理与影响途径，深入解释不同类型社会资本与贫困减少、经济增长、社会发展、文化传统的内在关联与互动关系。

第四，由于样本和数据方面的限制，虽然本研究从新的角度解析了社会资本影响农村金融多维减贫的机制，但由于社会资本异质性，不同类型社会资本影响农村金融多维减贫的过程中也有可能存在其他的作用机制，如社会信任、社会参与对于农村贫困脆弱性的影响及其作用机制尚未被充分地发掘，未来还有待于进一步完整、全面地解析异质性社会资本影响农村贫困以及影响农村金融多维减贫的机制和途径。

参考文献

［1］巴曙松，刘孝红，牛播坤. 转型时期中国金融体系中的地方治理与银行改革的互动研究［J］. 金融研究，2005（5）：25 - 37.

［2］布迪厄. 文化资本与社会炼金术［M］. 上海：上海人民出版社，1997.

［3］蔡起华，朱玉春. 社会信任、关系网络与农户参与农村公共产品供给［J］. 中国农村经济，2015（7）：57 - 69.

［4］车四方，谢家智，姚领. 社会资本、农村劳动力流动与农户家庭多维贫困［J］. 西南大学学报（社会科学版），2019，45（2）：61 - 73.

［5］陈斌开，林毅夫. 金融抑制、产业结构与收入分配［J］. 世界经济，2012（1）：3 - 23.

［6］陈硕. 民间金融发展中的社会资本作用机制及其效应研究［J］. 云南财经大学学报，2014（6）：102 - 109.

［7］陈伟国，樊士德. 金融发展与城乡收入分配的"库兹涅茨效应"研究［J］. 当代财经，2009（3）：44 - 49.

［8］程恩江，刘西川. 小额信贷缓解农户正规信贷配给了吗——来自三个非政府小额信贷项目区的经验证据［J］. 金融研究，2010（12）：190 - 206.

［9］程名望，Yanhong J，盖庆恩，等. 农村减贫：应该更关注教育还是健康？——基于收入增长和差距缩小双重视角的实证［J］. 经济研究，2014，11：130 - 144.

［10］崔艳娟，孙刚. 金融发展是贫困减缓的原因吗？——来自中国的证据［J］. 金融研究，2012（11）：116 - 127.

［11］丁冬，王秀华，郑风田．社会资本，农户福利与贫困——基于河南省农户调查数据［J］．中国人口·资源与环境，2013，23（7）：122 – 128.

［12］丁志国，赵晶，赵宣凯，等．我国城乡收入差距的库兹涅茨效应识别与农村金融政策应对路径选择［J］．金融研究，2011（7）：142 – 151.

［13］杜颖洁，杜兴强．银企关系、政治联系与银行借款——基于中国民营上市公司的经验证据［J］．当代财经，2013（2）：108 – 118.

［14］范香梅，张晓云．社会资本影响农户贷款可得性的理论与实证分析［J］．管理世界，2012（4）：177 – 178.

［15］方黎明．新型农村合作医疗和农村医疗救助制度对农村贫困居民就医经济负担的影响［J］．中国农村观察，2013（2）：80 – 92.

［16］冯林，刘华军，王家传．政府干预、政府竞争与县域金融发展——基于山东省90个县的经验证据［J］．中国农村经济，2016（1）：30 – 39.

［17］冯怡琳．中国城镇多维贫困状况与影响因素研究？［J］．调研世界，2019，307（4）：5 – 12.

［18］福朗西斯·福山．信任——社会道德与繁荣的创造［M］．呼和浩特：远方出版社，1998.

［19］龚锋，李智，雷欣．努力对机会不平等的影响：测度与比较［J］．经济研究，2017（3）：76 – 90.

［20］谷慎，邹亚方．地区金融发展中地方政府的角色：基于面板数据模型的研究［J］．当代经济科学，2012（6）：63 – 69.

［21］关爱萍，李静宜．人力资本、社会资本与农户贫困——基于甘肃省贫困村的实证分析［J］．教育与经济，2017（1）：66 – 74.

［22］郭峰．地方性金融机构设立的内生条件和攀比效应——基于村镇银行的空间Probit模型分析［J］．金融学季刊，2014，8（2）：36 – 56.

［23］郭峰．政府干预视角下的地方金融：一个文献综述［J］．金融评论，2016（3）：67 – 79.

［24］郭劲光．网络嵌入：嵌入差异与嵌入绩效［J］．经济评论，2006（6）：24 – 30.

［25］郭熙保，周强．长期多维贫困、不平等与致贫因素［J］．经济研

究，2016（6）：143-156.

[26] 郭云南，姚洋，Jeremy Foltz. 宗族网络与村庄收入分配 [J]. 管理世界，2014（1）：73-89.

[27] 何水. 农民工城市贫困测量指标体系构建——基于多维度视角的探索 [J]. 中国行政管理，2018，398（8）：109-114.

[28] 何德旭，苗文龙. 财政分权是否影响金融分权——基于省际分权数据空间效应的比较分析 [J]. 经济研究，2016（2）：42-55.

[29] 何宗樾，宋旭光. 中国农民工多维贫困及其户籍影响 [J]. 财经问题研究，2018，414（5）：84-91.

[30] 贺建风，王傲磊，余慧伦. 社会资本与家庭金融市场参与 [J]. 金融经济学研究，2018，33（6）：106-118.

[31] 贺立龙，黄科，郑怡君. 信贷支持贫困农户脱贫的有效性：信贷供求视角的经验实证 [J]. 经济评论，2018（1）：62-77.

[32] 贺志武，胡伦. 社会资本异质性与农村家庭多维贫困 [J]. 华南农业大学学报（社会科学版），2018，17（3）：20-31.

[33] 侯亚景. 中国农村长期多维贫困的测量、分解与影响因素分析 [J]. 统计研究，2017，34（11）：86-97.

[34] 胡枫，陈玉宇. 社会网络与农户借贷行为——来自中国家庭动态跟踪调查（CFPS）的证据 [J]. 金融研究，2012（12）：178-192.

[35] 黄建新. 论非正规金融之于农村反贫困的作用机制与制度安排 [J]. 现代财经（天津财经学院学报），2008，28（5）：9-14.

[36] 江曙霞，严玉华. 中国农村民间信用缓解贫困的有效性分析 [J]. 财经研究，2006，32（10）：4-16.

[37] 科尔曼. 社会理论的基础 [M]. 北京：社会科学文献出版社，1990.

[38] 李长生，张文棋. 信贷约束对农户收入的影响——基于分位数回归的分析 [J]. 农业技术经济，2015（8）：43-52.

[39] 李顺毅. 农业信贷、行政性垄断与农村收入差距 [J]. 财经问题研究，2013（8）：119-124.

[40] 李祎雯，张兵. 非正规金融与农村家庭创业成效：影响效应及作用机理 [J]. 农业技术经济，2018（12）：4-17.

[41] 李作稳，黄季焜，贾相平，栾昊，项诚. 小额信贷对贫困地区农户畜禽养殖业的影响 [J]. 农业技术经济，2012（11）：4-9.

[42] 林毅夫，孙希芳. 信息、非正规金融与中小企业融资 [J]. 经济研究，2005（7）：35-44.

[43] 刘波，王修华，彭建刚. 我国居民收入差距中的机会不平等——基于CGSS数据的实证研究 [J]. 上海经济研究，2015（8）：77-88.

[44] 刘纯彬，桑铁柱. 农村金融发展与农村收入分配：理论与证据 [J]. 上海经济研究，2010（12）：37-46.

[45] 刘华军，杨骞. 金融深化、空间溢出与经济增长——基于空间回归模型偏微分效应分解方法及中国的实证 [J]. 金融经济学研究，2014（2）.

[46] 刘辉煌，吴伟. 我国农户借贷状况及其收入效应研究 [J]. 上海经济研究，2014（8）：27-33.

[47] 刘辉，申玉铭，柳坤. 中国城市群金融服务业发展水平及空间格局 [J]. 地理学报，2013，68（2）：44-56.

[48] 刘生龙，李军. 健康、劳动参与及中国农村老年贫困 [J]. 中国农村经济，2012（1）：56-68.

[49] 刘文烈，魏学文. 城市农民工多维贫困及治理路径研究 [J]. 齐鲁学刊，2016（6）：90-99.

[50] 刘西川，程恩江. 贫困地区农户的正规信贷约束：基于配给机制的经验考察 [J]. 中国农村经济，2009（6）：37-50.

[51] 刘西川，杨奇明，陈立辉. 农户信贷市场的正规部门与非正规部门：替代还是互补？[J]. 经济研究，2014（11）：145-158.

[52] 刘艳华. 信贷配给视阈下农户经营收入地区差异的阐释——基于收入回归的Shapley分解 [J]. 金融经济学研究，2015（6）：92-101.

[53] 刘一伟，汪润泉. 收入差距、社会资本与居民贫困 [J]. 数量经济技术经济研究，2017（9）：75-92.

[54] 刘一伟, 汪润泉. 收入差距, 社会资本与居民贫困 [J]. 数量经济技术经济研究, 2017, 34 (9): 75-92.

[55] 柳建平, 刘卫兵. 西部农村教育与减贫研究——基于甘肃14个贫困村调查数据的实证分析 [J]. 教育与经济, 2017 (1): 75-80.

[56] 卢娟, 李斌. 社会网络、非正规金融与居民幸福感——基于2016年中国家庭追踪调查数据的实证研究 [J]. 上海财经大学学报 (哲学社会科学版), 2018, 20 (4): 47-63.

[57] 卢盛峰, 潘星宇. 中国居民贫困代际传递: 空间分布、动态趋势与经验测度 [J]. 经济科学, 2016 (6): 5-19.

[58] 陆迁, 王昕. 社会资本综述及分析框架 [J]. 商业研究, 2012 (2): 141-145.

[59] 罗楚亮. 经济增长、收入差距与农村贫困 [J]. 经济研究, 2012 (2): 15-27.

[60] 骆永民, 樊丽明. 中国农村基础设施增收效应的空间特征——基于空间相关性和空间异质性的实证研究 [J]. 管理世界, 2012 (5): 71-87.

[61] 马光荣, 杨恩艳. 社会网络、非正规金融与创业 [J]. 经济研究, 2011 (3): 83-94.

[62] 马晓青, 刘莉亚, 胡乃红, 等. 信贷需求与融资渠道偏好影响因素的实证分析 [J]. 中国农村经济, 2012 (5): 65-76.

[63] 米松华, 李宝值, 朱奇彪. 农民工社会资本对其健康状况的影响研究——兼论维度差异与城乡差异 [J]. 农业经济问题, 2016 (9): 42-53.

[64] 帕特南. 使民主运转起来 [M]. 南昌: 江西人民出版社, 2001.

[65] 祁毓, 卢洪友. 污染, 健康与不平等——跨越"环境健康贫困"陷阱 [J]. 管理世界, 2015 (9): 32-51.

[66] 钱先航, 曹廷求, 李维安. 晋升压力、官员任期与城市商业银行的贷款行为 [J]. 经济研究, 2011 (12): 72-85.

[67] 茹乐峰, 苗长虹, 王海江. 我国中心城市金融集聚水平与空间格局研究 [J]. 经济地理, 2014, 34 (2): 58-66.

[68] 单德朋. 教育效能和结构对西部地区贫困减缓的影响研究 [J].

中国人口科学，2012（5）：84-94.

[69] 师博，沈坤荣. 政府干预、经济集聚与能源效率 [J]. 管理世界，2013（10）：6-18.

[70] 史恒通，赵伊凡，吴海霞. 社会资本对多维贫困的影响研究——来自陕西省延安市513个退耕农户的微观调查数据 [J]. 农业技术经济，2019（1）：86-99.

[71] 宋扬，赵君. 中国的贫困现状与特征：基于等值规模调整后的再分析 [J]. 管理世界，2015（10）：65-77.

[72] 苏静，胡宗义. 连片特困地区金融抑制与农民内部收入不平等 [J]. 金融经济学研究，2017（4）：94-104.

[73] 苏静，胡宗义，唐李伟，等. 农村非正规金融发展减贫效应的门槛特征与地区差异——基于面板平滑转换模型的分析 [J]. 中国农村经济，2013（7）：58-71.

[74] 苏静，胡宗义，肖攀. 中国农村金融发展的多维减贫效应非线性研究——基于面板平滑转换模型的分析 [J]. 金融经济学研究，2014，29（4）：86-96.

[75] 苏静，肖攀，胡宗义. 教育、社会资本与农户家庭多维贫困转化 [J]. 教育与经济，2019，35（2）：17-27.

[76] 苏静. 中国农村金融发展的减贫效应研究 [M]. 北京：经济科学出版社，2017.

[77] 宋玉兰，张梦醒，范宏民，等. 连片特困少数民族地区教育层次结构对农民收入增长的作用——以南疆三地州为例 [J]. 人口与经济，2017（2）：90-96.

[78] 孙若梅. 小额信贷与农民收入 [M]. 北京：中国经济出版社，2006.

[79] 孙永苑，杜在超，张林. 关系、正规与非正规信贷 [J]. 经济学（季刊），2016，15（2）：597-626.

[80] 谭劲松，简宇寅，陈颖. 政府干预与不良贷款——以某国有商业银行1988~2005年的数据为例 [J]. 管理世界，2012（7）：29-43.

[81] 谭燕芝，彭千芮. 金融能力、金融决策与贫困 [J]. 经济理论与

经济管理，2019（2）：62-76.

[82] 谭燕芝，张子豪. 社会网络、非正规金融与农户多维贫困 [J]. 财经研究，2017（3）：45-58.

[83] 唐均. 城市贫困的深层原因：就业与保障的二律背反 [J]. 红旗文稿，2002（9）：24-26.

[84] 陶建平，田杰. 县域农村视角的我国农村金融发展收入效应分析——来自1772个县（市）面板数据的实证研究 [J]. 华中农业大学学报（社会科学版），2011（6）：24-28.

[85] 童馨乐，褚保金，杨向阳. 社会资本对农户借贷行为影响的实证研究——基于八省1003农户的调查数据 [J]. 金融研究，2011（12）：177-191.

[86] 万广华，张茵. 收入增长和不平等对我国贫困的影响 [J]. 经济研究，2006（6）.

[87] 王朝明，姚毅. 中国城乡贫困动态演化的实证研究：1990~2005年 [J]. 数量经济技术经济研究，2010（3）：3-15.

[88] 王定祥，田庆刚，李伶俐，等. 贫困型农户信贷需求与信贷行为实证研究 [J]. 金融研究，2011（5）：124-138.

[89] 王海港，黄少安，李琴，等. 职业技能培训对农村居民非农收入的影响 [J]. 经济研究，2009（9）：128-139.

[90] 王汉杰，温涛，韩佳丽. 深度贫困地区农村金融与农户收入增长：益贫还是益富？[J]. 当代财经，2018，408（11）：46-57.

[91] 王恒彦，卫龙宝，郭延安. 农户社会资本对农民家庭收入的影响分析 [J]. 农业技术经济，2013（10）：28-38.

[92] 王金哲. 社会资本影响家庭融资渠道选择了吗？——基于CHFS调查数据的实证研究 [J]. 财经论丛，2019，242（1）：54-62.

[93] 王连军. 金融危机背景下政府干预与银行信贷风险研究 [J]. 财经研究，2011，37（5）：112-122.

[94] 王强. 社会资本的反贫困机制——基于农村困难家庭全国性调查的实证研究 [J]. 学习与实践，2019（6）：83-95.

[95] 王玺玮. 教育对农村地区反贫困的影响研究——基于湖北省13

个市州面板数据的实证分析 [J]. 社会保障研究，2017（4）：82-89.

[96] 王小华，王定祥，温涛. 中国农贷的减贫增收效应：贫困县与非贫困县的分层比较 [J]. 数量经济技术经济研究，2014（9）：40-55.

[97] 王小林，Alkire. 中国多维贫困测量：估计和政策含义 [J]. 中国农村经济，2009（12）：4-10.

[98] 王小林，尚晓援，徐丽萍. 中国老年人主观福利及贫困状态研究 [J]. 山东社会科学，2012（4）：22-28.

[99] 王修华，邱兆祥. 农村金融发展对城乡收入差距的影响机理与实证研究 [J]. 经济学动态，2011（2）：71-75.

[100] 温涛，朱炯，王小华. 中国农贷的"精英俘获"机制：贫困县与非贫困县的分层比较 [J]. 经济研究，2016（2）：111-125.

[101] 吴本健，郭晶晶，马九杰. 社会资本与农户风险的非正规分担机制：理论框架与经验证据 [J]. 农业技术经济，2014（4）：4-13.

[102] 吴军，夏建中. 国外社会资本理论：历史脉络与前沿动态 [J]. 学术界，2012（8）：67-76.

[103] 吴振华，张学敏. 教育对农村居民收入差距有多大影响 [J]. 教育发展研究，2017（1）：36-44.

[104] 伍艳. 小额信贷对农户民生脆弱性改善的影响研究——以四川省南充、广元为例 [J]. 西南民族大学学报（人文社会科学版），2013（8）：113-118.

[105] 解垩. 公共转移支付对再分配及贫困的影响研究 [J]. 经济研究，2017，52（9）：103-116.

[106] 解垩. 公共转移支付与老年人的多维贫困 [J]. 中国工业经济，2015（11）：32-46.

[107] 谢沁怡. 人力资本与社会资本：谁更能缓解贫困？[J]. 上海经济研究，2017（5）：51-60.

[108] 邢志平，靳来群. 政府干预的金融资源错配效应研究——以中国国有经济部门与民营经济部门为例的分析 [J]. 上海经济研究，2016（4）：23-31.

[109] 徐戈，陆迁，姜雅莉. 社会资本、收入多样化与农户贫困脆弱性 [J]. 中国人口·资源与环境，2019，29 (2)：123 – 133.

[110] 徐慧贤，董煦，董锐. 社会网络资本对贫困农户信贷影响机制研究 [J]. 财经理论研究，2019 (4)：16 – 27.

[111] 徐丽鹤，袁燕. 财富分层、社会资本与农户民间借贷的可得性 [J]. 金融研究，2017 (2)：135 – 150.

[112] 亚历山德罗·波茨. 社会资本：在现代社会学中的缘起和应用 [M] // 杨雪冬，译. 社会资本与社会发展. 北京：社会科学文献出版社，2000.

[113] 杨娟，赖德胜，邱牧远. 如何通过教育缓解收入不平等？[J]. 经济研究，2015 (9)：86 – 99.

[114] 杨俊，黄潇，李晓羽. 教育不平等与收入分配差距：中国的实证分析 [J]. 管理世界，2008 (1)：38 – 47.

[115] 杨明婉，张乐柱，颜梁柱. 基于家庭禀赋视角的农户家庭非正规金融借贷行为研究 [J]. 金融经济学研究，2018，33 (5)：107 – 118.

[116] 杨汝岱，陈斌开，朱诗娥. 基于社会网络视角的农户民间借贷需求行为研究 [J]. 经济研究，2011 (11)：116 – 129.

[117] 姚建平. 养老社会保险制度的反贫困分析——美国的实践及对我国的启示 [J]. 公共管理学报，2008，15 (3)：100 – 108.

[118] 姚耀军，彭璐. 地方政府干预银行业：内在逻辑与经验证据 [J]. 金融评论，2013 (4)：68 – 78.

[119] 叶初升，赵锐. 中国农村的动态贫困：状态转化与持续——基于中国健康与营养调查微观数据的生存分析 [J]. 华中农业大学学报（社会科学版），2013 (3)：42 – 52.

[120] 叶静怡，周晔馨. 社会资本转换与农民工收入——来自北京农民工调查的证据 [J]. 管理世界，2010 (10)：34 – 46.

[121] 叶普万. 贫困经济学研究：一个文献综述 [J]. 世界经济，2005 (9)：70 – 79.

[122] 殷浩栋，王瑜，汪三贵. 贫困村互助资金与农户正规金融、非

正规金融：替代还是互补？[J].金融研究，2018，455（5）：124-140.

[123] 尹希果，陈刚，潘杨.中国的金融发展、分税制改革与经济增长 [J].金融研究，2006（2）：99-109.

[124] 岳希明，罗楚亮.农村劳动力外出打工与缓解贫困 [J].世界经济，2010（11）：84-98.

[125] 乐章，刘二鹏.家庭禀赋，社会福利与农村老年贫困研究 [J].农业经济问题，2016（8）：63-73.

[126] 张川川，赵耀辉.新型农村社会养老保险政策效果评估——收入、贫困、消费、主观福利和劳动供给 [J].经济学，2015，14（1）：203-230.

[127] 张建杰.农户社会资本及对其信贷行为的影响——基于河南省397户农户调查的实证分析 [J].农业经济问题，2008（9）：28-34.

[128] 张杰，谢晓雪.政府的市场增进功能与金融发展的"中国模式"[J].金融研究，2008（11）：171-180.

[129] 张立军，湛泳.金融发展与降低贫困——基于中国1994~2004年小额信贷的分析 [J].当代经济科学，2006，28（6）：36-42.

[130] 张宁，张兵.农村非正规金融、农户内部收入差距与贫困 [J].经济科学，2015（1）：53-65.

[131] 张全红，周强.中国多维贫困的测度及分解：1989~2009年 [J].数量经济技术经济研究，2014（6）：88-101.

[132] 张爽，陆铭，章元.社会资本的作用随市场化进程减弱还是加强？——来自中国农村贫困的实证研究 [J].经济学（季刊），2007，6（2）：539-560.

[133] 张彤进.包容性金融发展的城乡收入分配效应研究——基于产业结构升级的视角 [J].山西财经大学学报，2016，38（6）：28-40.

[134] 张文宏.社会资本：理论争辩与经验研究 [J].社会学研究，2003（4）：26-33.

[135] 张文，许林，骆振心.金融发展与收入分配不平等：回到G-Z假说 [J].当代财经，2010（11）：14-25.

[136] 张晓明，陈静.构建社会资本：破解农村信贷困境的一种新思

路 [J]. 经济问题, 2007 (3): 99-100.

[137] 张晓颖, 冯贺霞, 王小林. 流动妇女多维贫困分析——基于北京市 451 名家政服务从业人员的调查 [J]. 经济评论, 2016 (3): 95-107.

[138] 张赟. 多维视角下的贫困群体的实证分析——以贫困儿童和流动妇女为样本 [J]. 经济问题, 2018, 466 (6): 70-75.

[139] 张昭, 杨澄宇, 袁强. "收入导向型" 多维贫困的识别与流动性研究——基于 CFPS 调查数据农村子样本的考察 [J]. 经济理论与经济管理, 2017, 36 (2): 98-112.

[140] 赵昌文, 杨记军, 夏秋. 中国转型期商业银行的公司治理与绩效研究 [J]. 管理世界, 2009 (7): 46-55.

[141] 赵剑治, 陆铭. 关系对农村收入差距的贡献及其地区差异——一项基于回归的分解分析 [J]. 经济学 (季刊), 2010, 9 (1): 363-390.

[142] 周海文, 周海川. 农户社会信任对土地流转租金的影响——基于 CHIP 数据的实证分析 [J]. 公共管理学报, 2019, 16 (3): 118-131.

[143] 周弘, 管世源. 主观社会地位与家庭风险资产配置——基于 CFPS 数据的实证研究 [J]. 长春理工大学学报 (社会科学版), 2019 (3): 124-130.

[144] 周立. 改革期间中国金融业的 "第二财政" 与金融分割 [J]. 世界经济, 2003 (6): 72-79.

[145] 周强, 张全红. 中国家庭长期多维贫困状态转化及教育因素研究 [J]. 数量经济技术经济研究, 2017 (4): 3-19.

[146] 周亚虹, 宗庆庆, 陈曦明. 财政分权体制下地市级政府教育支出的标尺竞争 [J]. 经济研究, 2013 (11): 127-139.

[147] 周晔馨. 社会资本是穷人的资本吗?——基于中国农户收入的经验证据 [J]. 管理世界, 2012 (7): 83-95.

[148] 周玉龙, 孙久文. 社会资本与农户脱贫——基于中国综合社会调查的经验研究 [J]. 经济学动态, 2017 (4): 16-29.

[149] 周月书, 孙冰辰, 彭媛媛. 规模农户加入合作社对正规信贷约束的影响——基于社会资本的视角 [J]. 南京农业大学学报 (社会科学

版), 2019, 19 (4): 126 – 137.

　[150] 朱喜, 李子奈. 农户借贷的经济影响: 基于 IVQR 模型的实证研究 [J]. 系统工程理论与实践, 2007, 27 (2): 68 – 75.

　[151] 邹薇, 方迎风. 关于中国贫困的动态多维度研究 [J]. 中国人口科学, 2011, 6 (11).

　[152] Agarwal S, Lucca D, Seru A, et al. Inconsistent Regulators: Evidence from Banking [J]. Quarterly Journal of Economics, 2014, 129 (2): 889 – 938.

　[153] Aghion P, Bolton P. A Theory of Trickle – Down Growth and Development [J]. Review of Economic Studies, 1997, 64 (2): 151 – 172.

　[154] Akerlof G A, Kranton R E. Economics and Identity [J]. Quarterly Journal of Economics, 2000, 115 (3): 715 – 753.

　[155] Alejandro Portes. Economic Sociology and the Sociology of Immigration: A Conceptual Overview [M]//in the Economic Sociology of Immigration: Essays on Networks, Ethnicity, and Entreprenership. New York: Russell Sage Foundation, 1995: 11 – 13.

　[156] Alkire S, Foster J. Counting and Multidimensional Povery Measures [R]. OPHI Working Paper, 2007.

　[157] Alkire S, Foster J. Understandings and Misunderstandings of Multidimensional Poverty Measurement [J]. Journal of Economic Inequality, 2011, 9 (2): 289 – 314.

　[158] Altunbas Y, Evans L, Molyneux P. Bank Ownership and Efficiency [J]. Journal of Money Credit & Banking, 2001, 33 (4): 926 – 954.

　[159] Ambrus A, Mobius M, Szeidl A. Consumption Risk – Sharing in Social Networks [J]. American Economic Review, 2014, 104 (1): 149 – 182.

　[160] Autor D H, Levy F, Murnane R J. The Skill Content of Recent Technological Change: An Empirical Exploration [J]. The Quarterly Journal of Economics, 2003, 118 (4): 1279 – 1333.

　[161] Bakhtiari S. Microfinance and Poverty Reduction: Some Internation-

al Evidence ［J］. International Business & Economics Research Journal, 2006, 5 (12): 65 – 71.

［162］ Bargain O, Donni O, Kwenda P. Intrahousehold Distribution and Poverty: Evidence from Côte d'Ivoire ［J］. Journal of Development Economics, 2014, 107: 262 – 276.

［163］ Barth J R, Jr Gerard C, Levine R. Bank Regulation and Supervision: What Works Best? ［J］. Journal of Financial Intermediation, 2001, 13 (2): 205 – 248.

［164］ Baum C F, Caglayan M, Talavera O. Parliamentary Election Cycles and the Turkish Banking Sector ［J］. Journal of Banking & Finance, 2009, 34 (11): 2709 – 2719.

［165］ Beck T, Demirguc – Kunt A, Levine R. Finance, Inequality, and Poverty: Cross – Country Evidence ［R］. National Bureau of Economic Research, No. w10979, 2004.

［166］ Benjamin D, Brandt L, Giles J. Did Higher Inequality Impede Growth in Rural China? ［J］. The Economic Journal, 2011, 121 (557): 1281 – 1309.

［167］ Biggart N W, Castanias R P. Collateralized Social Relations: The Social in Economic Calculation ［J］. American Journal of Economics & Sociology, 2001, 60 (2): 471 – 500.

［168］ Bigsten A, Shimeles A. Poverty Transition and Persistence in Ethiopia: 1994 – 2004 ［J］. World Development, 2008, 36 (9): 1559 – 1584.

［169］ Bloch F, Genicot G, Ray D. Informal Insurance in Social Net Works ［J］. Journal of Economic Theory, 2008, 143 (1): 36 – 58.

［170］ Burgess R, Pande R. Can Rural Banks Reduce Poverty? Evidence from the Indian Social Banking Experiment ［J］. American Economic Review, 2004, 95 (2): 781 – 794.

［171］ Caprio G, Peria M. Avoiding Disaster: Policies to Reduce the Risk of Banking Crises ［J］. Journal of Medical Genetics, 2000, 48 (12): 19 – 24.

［172］ Carlo Raffo, Alan Dyson, Helen Gunter, et al. Education and Poverty: Mapping the Terrain and Making the Links to Educational Policy [J]. International Journal of Inclusive Education, 2009, 13 (4): 341 – 358.

[173] Chantarat S, Barrett C B. Social Network Capital, Economic Mobility and Poverty Traps [J]. Journal of Economic Inequality, 2012, 10 (3): 299 – 342.

[174] Chowdhury A. Microfinance as a Poverty Reduction Tool – A Critical Assessment [R]. DESA Working Paper No 89, 2009.

[175] Coleman J S. Social Capital in the Creation of Human Capital [J]. American Journal of Sociology, 1988 (94): 95 – 120.

[176] Copestake J, Dawson P, Fanning J P, McKay A, Wright – R K. Monitoring the Diversity of the Poverty Outreach and Impact of Microfinance: A Comparison of Methods Using Data from Peru [J]. Development Policy Review, 2005, 23 (6): 703 – 723.

[177] Cornett M M, Guo L, Khaksari S, et al. The Impact of State Ownership on Performance Differences in Privately – Owned Versus State – Owned Banks: An International Comparison [J]. Journal of Financial Intermediation, 2010, 19 (1): 74 – 94.

[178] Cull R, Gan L, Gao N, et al. Dual Credit Markets and Household Access to Finance: Evidence from a Representative Chinese Household Survey [J]. Social Science Electronic Publishing, 2015.

[179] Detragiache E, Gupta P, Tressel T. Finance in Lower – Income Countries: An Empirical Exploration [R]. International Monetary Fund Working Paper, 2005 – 08 – 01.

[180] Dollar D, Kraay A. Growth is Good for the Poor [J]. Journal of Economic Growth, 2002, 7 (3): 195 – 225.

[181] Duclos J Y, Araar A, Giles J. Chronic and Transient Poverty: Measurement and Estimation, with Evidence from China [J]. Journal of Development Economics, 2010, 91 (2): 266 – 277.

[182] Eswaran M, Kotwal A. Credit as Insurance in Agrarian Economies

[J]. Journal of Development Economicsl, 1989 (1): 37 – 53.

[183] Fafchamps M, Lund S. Risk – Sharing Networks in Rural Philippines [J]. Journal of Development Economics, 2003, 71.

[184] Galor O, Zeira J. Income Distribution and Macroeconomics [J]. Review of Economic Studies, 1993, 60 (1): 35 – 52.

[185] Glauben T, Herzfeld T, Rozelle S, et al. Persistent Poverty in Rural China: Where, Why, and How to Escape? [J]. World Development, 2012, 40 (4): 784 – 795.

[186] Greenwood J, Jovanovic B. Financial Development, Growth and the Distribution of Income [J]. Journal of Political Economy, 1990, 98 (5): 1067 – 1107.

[187] Guiso L, Sapienza P, Zingales L. The Role of Social Capital in Financial Development [J]. American Economic Review, 2004 (23): 294 – 300.

[188] Gulli H. Microfinance and Poverty: Questioning the Conventional Wisdom [R]. International American Development Bank, New York, 1998.

[189] Gutierrez N B, Serrano C C, Molinero C M. Social Efficiency in Microfinance Institutions [J]. Journal of the Operational Research Society, 2009, 60 (1): 104 – 119.

[190] Harding M, Lamarche C. A Quantile Regression Approach for Estimating Panel Data Models Using Instrumental Variables [J]. Economics Letters, 2009, 104 (3): 133 – 135.

[191] Hauner D. Public Debt and Financial Development [J]. Journal of Development Economics, 2009, 88 (1): 171 – 183.

[192] Hemmi N, Tabata K, Futagami K. The Long – Term Care Problem, Precautionary Saving, and Economic Growth [J]. Journal of Macroeconomics, 2007, 29 (1): 60 – 74.

[193] Imai K S, Gaiha R, Thapa G, Annim S K. Microfinance and Poverty: A Macro Perspective [J]. World Development, 2012, 40 (8): 1675 – 1689.

[194] Imai K S. Microfinance and Household Poverty Reduction: New Evi-

dence from India [J]. World Development, 2010, 38 (12): 1760 – 1774.

[195] Ismihan M, Ozkan F G. Public Debt and Financial Development: A Theoretical Exploration [J]. Economics Letters, 2010, 115 (10/14): 348 – 351.

[196] Joo S, Grable J E. An Exploratory Framework of the Determinants of Financial Satisfaction [J]. Journal of Family and Economic, 2004, 25 (1): 25 – 50.

[197] Karas A, Schoors K, Weill L. Are Private Banks More Efficient than Public Banks? Evidence from Russia [C]// Laboratoire de Recherche en Gestion et Economie (LaRGE), Université de Strasbourg (France), 2008: 209 – 244.

[198] Kinnan C, Mit R M T. Kinship and Financial Networks, Formal Financial Access and Risk Reduction [J]. American Economic Review, 2011, 102 (3): 289 – 293.

[199] Koenker R W, Jr Gilbert B. Regression Quantiles [J]. Econometrica, 1978, 46 (1): 33 – 50.

[200] Kondo T, Aniceto O J, Dingcong C, Infantado C. Impact of Microfinance on Rural Households in the Philippines [J]. Development Studies, General & Introductory Development Studies, 2008, 39 (1): 51 – 70.

[201] Krishna A. Pathways Out of and Into Poverty in 36 Villages of Andhra Pradesh, India [J]. World Development, 2006, 34 (2): 271 – 288.

[202] Kristjanson P, Krishna A, Radeny M, et al. Poverty Dynamics and the Role of Livestock in the Peruvian Andes [J]. Agricultural Systems, 2007, 94 (2): 294 – 308.

[203] Körner T, Schnabel I. Public Ownership of Banks and Economic Growth [J]. Economics of Transition, 2011, 19 (3): 407 – 441.

[204] Lesage J, Pace R K. Introduction to Spatial Econometrics [M]. CRC Press, 2009: 143 – 145.

[205] Lin N. Social Capital: A Theory of Social Structure and Action [M]. Cambridge University Press, 2001.

[206] Liverpool L S, Winter N A. Poverty Status and the Impact of Formal Crediton Technology Use and Wellbeing among Ethiopian Smallholders [J].

World Development, 2010, 38 (4): 541 – 554.

[207] Hanifan L J, Charters W W. The Community Center [J]. Elementary School Journal, 1920 (6): 86 – 100.

[208] Luory G C. A Dynamic Theory of Racial Income Differences, in Women, Minorities and Employment Discrimination [M]. PA Wallace and A. Le Mund, 1977.

[209] Mahjabeen R. Microfinancing in Bangladesh: Impact on Households, Consumption and Welfare [J]. Journal of Policy Modeling, 2008, 30 (6): 1083 – 1092.

[210] Maladonado H, Gonzalez V C. Impact of Microfinance on Schooling: Evidence from Poor Rural Households in Bolivia [J]. World Development, 2008, 36 (11): 2440 – 2455.

[211] Maurer N, Haher S. Related Lending and Economic Performance: Evidence from Mexico [J]. Journal of Economic History, 2007, 67 (3): 551 – 581.

[212] Merton R C, Bodie Z. A Conceptual Framework for Analyzing the Financial Environment [J]. Social Science Electronic Publishing, 1995.

[213] Micco A, Panizza U, Yañez M. Bank Ownership and Performance. Does Politics Matter? [J]. Journal of Banking & Finance, 2007, 31 (1): 219 – 241.

[214] Mogues T, Carter M R. Social Capital and the Reproduction of Economic Inequality in Polarized Societies [J]. Journal of Economic Inequality, 2005, 3 (3): 193 – 219.

[215] Munshi K, Rosenzweig M. Why is Mobility in India so Low? Social Insurance, Inequality, and Growth [R]. Nber Working Papers, 2009.

[216] Pham T T T, Lensink R. Household Borrowing in Vietnam A Comparative Study of Default Risks of Formal, Informal and Semi – Formal Credit [J]. Journal of Emerging Market Finance, 2008, 7 (3): 237 – 261.

[217] Porta R L, Shleifer A. Government Ownership of Banks [J]. The

Journal of Finance, 2002, 57 (1): 265 –301.

[218] Putnam R D, Leonardi D R. Making Democracy Work: Civic Traditions in Modern Italy [J]. Contemporary Sociology, 1994, 26 (3): 306 –308.

[219] Raffo C, Dyson A, Gunter H, et al. Education and Poverty: Mapping the Terrain and Making the Links to Educational Policy [J]. International Journal of Inclusive Education, 2009, 13 (4): 341 –358.

[220] Riumallo – Herl C J, Kawachi I, Avendano M. Social Capital, Mental Health and Biomarkers in Chile: Assessing the Effects of Social Capital in a Middle – Income Country [J]. Social Science & Medicine, 2014 (105): 47 –58.

[221] Rooyen C V. The Impact of Microfinance in Sub – Saharan Africa: A Systematic Review of the Evidence [J]. World Development, 2012, 40 (11): 2249 –2262.

[222] Scott J. Social Capital: A Theory of Social Structure and Action [M]. Cambridge University Press, 2001.

[223] Sen A K. Poverty: An Ordinal Approach to Measurement [J]. Econometica, 1976, 44 (2): 219 –231.

[224] Shen C H, Lin C Y. Why Government Banks Underperform: A Political Interference View [J]. Journal of Financial Intermediation, 2012, 21 (2): 181 –202.

[225] Stiglitz J E, Weiss A. Credit Rationing in Markets with Imperfect Information [J]. American Economic Review, 1981, 71 (3): 393 –410.

[226] Tilak B G J. Post – Elementary Education, Poverty and Development in India [J]. International Journal of Educational Development, 2007, 27 (4): 435 –445.

[227] Vila L E. The Outcomes of Investment in Education and People's Well – Being [J]. European Journal of Education, 2005, 40 (1): 3 –11.

[228] Winters P, Davis B, Carletto G, et al. Assets, Activities and Rural Income Generation: Evidence from a Multicountry Analysis [J]. World Development, 2009 (37): 1435 –1452.

［229］ World Bank. Finance for Growth： Policy Choices in a Volatile World ［M］. Oxford University Press， 2001.

［230］ Yueh L. Self－Employment in Urban China： Networking in a Transition Economy ［J］. China Economic Review， 2009， 20 （3）： 471－484.